鍾英法——著

POLITICAL
JUSTICE

政治正義
羅爾斯公共理性思想研究

從《正義論》到《政治自由主義》
正義問題始終是羅爾斯政治哲學所關注的中心主題

難道只有民主社會才有政治正義問題嗎？
難道民主制度和民主思想是從天上掉下來的嗎？

羅爾斯為什麼特別強調民主政治的歷史和現實背景？
莫非羅爾斯把自由民主制度看作是人類政治的最終歸宿？

本書將詳細分析羅爾斯如何界定公共理性，
以及他與西方政治思想史上關於公共理性的思考有何不同

目　錄

導言

第一章　公共理性思想的歷史考察

第一節　霍布斯 ── 主權者的公共理性 ………………… 19

第二節　洛克 ── 公民社會的公共理性 ………………… 27

第三節　康德 ── 公共性和理性的公用 ………………… 32

第四節　羅爾斯 ── 作為公共證明之基礎的公共理性 … 39

第二章　羅爾斯的公共理性思想論綱

第一節　公共理性與民主觀念 …………………………… 53

第二節　公共理性的內在結構 …………………………… 59

第三節　公共理性的特徵 ………………………………… 72

第三章　公共理性與公民資格

第一節　公民的道德能力 ………………………………… 85

第二節　自由與平等 ……………………………………… 91

第三節　理性與合理性 …………………………………… 99

目錄 ─────────────

第四章　作為一種政治建構論的公共理性

第一節　政治建構論 …………………………………110

第二節　現代民主的基本狀況 …………………………116

第三節　公共理性的建構 ………………………………122

第四節　公共理性與現代民主 …………………………129

第五章　公共理性與政治合法性

第一節　政治合法性的形式 ……………………………141

第二節　重返理性 ………………………………………156

第三節　以公共理性奠基的政治合法性 ………………167

結論：羅爾斯公共理性思想的意義和侷限性

後記

導言

　　正義問題始終是羅爾斯政治哲學所關注的中心主題，從《正義論》到《政治自由主義》的整個理論探討過程，就其所涉及的問題而言並沒有出現根本性的變化，甚至於就羅爾斯自己所提出的正義原則來說，也是前後一致的，所不同的只是思考問題的背景發生了變化。在《正義論》時期的羅爾斯試圖闡明和論證一種具有普遍性的正義原則，並且透過論證正義與善之間的一致性，強調了依據正義原則建立起來的社會能夠產生一種自我維持的力量。但是，後來羅爾斯越來越多地注意到社會多元化和意識形態多元化的事實，進而認為在《正義論》一書中對於穩定性問題的解釋是不現實的。換句話說，對於深受英美實用主義哲學傳統影響的羅爾斯來說，穩定性的問題根本不可能在理論體系的內部得到完成，而是必須在現實的政治生活中公開地接受公民所堅持和信奉的互不相同的完備性學說的檢驗。羅爾斯對他在《正義論》中所提出的作為公平的正義原則可謂情有獨鍾，儘管他對來自各方面的批評都進行了深入的思考和回應，但是，羅爾斯始終沒有放棄令他心儀的正義原則。可以這樣說，羅爾斯在《正義論》之後所做的理論闡釋只不過是一種繼續對他所提出的正義原

導言 ──────────────────

則進行辯護而已。羅爾斯自己也承認這一點，他在《政治自由主義》一書的導論中寫到：「的確，這些演講的目的和內容似乎與《正義論》有著一種主旨的改變。當然，誠如我所指出的那樣，兩者間確有一些重要差異。但要理解這些差異的本性和程度，就必須視之為源自力圖消除內在於公平正義的一個嚴重問題時所產生的差異，亦即源自這樣一種事實所產生的差異，這個事實是：《正義論》第三部分關於穩定性的解釋與全書的觀點並不一致。我相信，所有差異都是消除這種不一致的結果。若不然，這些演講就會採取《正義論》一書的結構和內容，在實質上保持不變。」[01] 那麼，羅爾斯所說的「一些重要差異」主要體現在哪些方面呢？我認為羅爾斯所提到的重要差異主要體現在理論視野和論證策略兩個方面。就理論視野來說，羅爾斯不再把他提出的正義原則看作是一種普遍範圍的道德正義學說，而是把它當作一種嚴格的政治正義觀念；就論證策略而言，羅爾斯不再從一種普遍性事實的前提出發來論證正義原則，而是從隱含在民主社會公共政治文化當中的基本理念著手來建構和論證正義原則。羅爾斯這種在正義問題上的理論退卻讓太多的人感到失望沮喪和莫名其妙，羅爾斯在《正義論》中探討制度的正義性問題時還沒有明

01　John Rawls: Political Liberalism, Columbia University Press, 1996, p xvi

顯地表現出對社會政治制度性的偏愛，可是在羅爾斯繼續對一種政治正義原則進行辯護和論證時，他特別地依賴於民主政治實踐和民主思想傳統，並且認為從民主政治實踐和思想傳統中所隱含的基本理念出發就能夠建構出一種政治正義原則，也就是羅爾斯自己所提出的正義原則。這確實令人感到奇怪和困惑。人們不禁會問，難道只有民主社會才有政治正義問題嗎？難道民主制度和民主思想是從天上掉下來的嗎？

　　羅爾斯為什麼特別強調民主政治的歷史和現實背景呢？莫非羅爾斯把自由民主制度看作是人類政治的最終歸宿？羅爾斯從來沒有想過人類政治除了自由民主政治之外的其它可能形式，他似乎想當然地就把自由民主的政治實踐作為一種既成的事實接受下來，剩下來的工作就是進一步地完善和維護民主政治制度。平心而論，羅爾斯的確是從一種經驗主義的立場來理解政治哲學的，並且他也真心地希望自己生活於其中的民主制度能夠更好地實現人的自由和平等，正如他所說的那樣：「如果超出歷史經驗的教訓和這一點點並不是過分依賴於偶然性動機和能力的智慧，問題就得不到更多的解釋。歷史充滿著各種驚奇。我們不得不系統闡明一種立憲政府的理想，以弄清楚它是否對我們產生作用，且我們能否在社會歷史中成功地將其付

導言

諸實踐。」[02] 羅爾斯的問題是，在被看作是自由而平等的、並在整個生活中世世代代都能充分合作的社會成員之公民間，具體規定其社會合作之公平項目的最適當的正義觀念是什麼，同時他還假定民主社會中存在著相互對立甚至互不相融的宗教學說、哲學學說和道德學說的多樣性特徵，並且把合乎理性的學說之多樣性看作是人類理性能力在持久的自由制度背景內發揮作用所不可避免地產生的長期性結果。因此，羅爾斯認為不可能從任何一種特定的完備性學說出發引申出一種可能合理地期待所有公民認可的政治正義觀念，因為任何公民對於自己所堅持的完備性學說都有著強烈的和迫切的真實性要求。也就是說，一種學說在相信它的人們看來總是一種真實的和正確的東西，儘管他們知道在多種不同的觀念中只有一個可以是真的，「除非把政治的正義觀念建立在平等的良心自由和思想自由基礎之上，並堅實地建立起來、且得到人們的公共認可，否則，任何理性的政治正義觀念都不可能」[03]。羅爾斯認為一種比較恰當的方式是獨立地建構和闡明一種政治正義原則，如果它能夠得到公民從各自的完備性學說出發對該政治正義原則的理解和認可，那麼它就可以成為民主社會中

02　John Rawls: Political Liberalism, Columbia University Press, 1996, P87
03　John Rawls: Political Liberalism, Columbia University Press, 1996, p xxvi

公民之間政治認同的基礎，這種政治正義原則正是羅爾斯所說的公共理性所包含的實質性內容。羅爾斯相信公民在公共的政治生活中只有遵循公共理性的要求和限制，才可能真正建立起一種相互尊重和民主寬容的政治關係。

羅爾斯的意向是令人著迷的，也確實值得人們嚮往和期待，他不再把政治行動理解為不同的利益群體為爭奪政治權力而進行的鬥爭，也不再把政治行動看作是不同的意識形態為爭奪話語霸權而展開的權力角逐，或者像他所說的那樣，政治自由主義對一切合理的宗教學說和非宗教性學說一視同仁，既不否認，也不質疑，任其在民主社會的背景文化中自然發展。與傳統的理解方式不同，羅爾斯把政治行動看作是公民之間在相互性原則的基礎上所進行的一種社會合作事業，羅爾斯似乎非常擔心公民們由於堅持和信奉相互對立的完備性學說會削弱和摧毀自由民主政治的寶貴價值，因此，他極力主張建立一種政治上的共識，並由此來引導公民在公共政治生活當中的行動。「沒有公民對於公共理性的忠誠及其對於公民性責任的恪守，各種論說在表達自己主張時，他們相互之間自然就會出現分野和敵意。當然，這種敵意不應該長期存在。不過，論說之間的一致與和諧以及某個公民對於公共理性的允諾並不是社會生活的永恆性條件。毋寧說，一致與和諧所依靠的是

導言

公共政治文化的生機，是公民們對於公共理性觀念的忠實和領會。一旦公民不再關心公共理性觀念的承諾並開始忽視公共理性，他們就很容易產生怨恨和不滿。」[04] 因此，羅爾斯認為，儘管在每個民主社會中產生影響並發揮著積極作用的完備性論說有所不同，但是尋求和建構一種恰當的公共理性的觀念卻是各個民主社會所面臨的共同關懷。

從某種意義上我們可以說，羅爾斯思考和理解社會衝突的方式以及他所提出的緩和與化解衝突的辦法確實是值得深思的，羅爾斯儘管從康德的思想中汲取了大量的靈感，但是他畢竟不是一個理想主義者，羅爾斯的眼光是冷峻的和現實的，並且具有著深切的現實關懷。他清楚地知道人們不可能任意選擇自己的生活，人們生活於其中的社會制度也不可能完美無缺，正如他曾經指出的那樣：「所有政府的政治正義都有風險，無論是民主的，還是與之不同的政府，都是如此。因為任何人類制度 —— 政治的或社會的、司法的或教會的 —— 都不能保證人永遠能制定出合法的或公正的法律，也不能保證公正的權利總能得到尊重。」[05] 人類社會存在著各式各樣的衝突，這是人們必須承認和面對的一個基本事實，但更為重要的是人們看待

---

04 哈佛燕京學社、三聯書店主編：《公共理性與現代學術》，三聯書店，2000 年，第 40-41 頁。

05 John Rawls: Political Liberalism, Columbia University Press, 1996, P416

和理解這一基本事實的態度和方式。羅爾斯承認公民個人所信奉的道德生活觀念對個人以及個人生活於其中的共同體所具有的終極性意義，但是他同樣強調基本的政治認同在公民之間公共的政治生活當中的重要性，這也是羅爾斯關注和重視公共理性的原因。按照羅爾斯的理解，公共理性既承載著實質性的政治正義觀念，同時又是一種公民之間平等對待和相互尊重的寬容立場。「公共理性的限制顯然不是法律或法規的限制，而是我們尊重一種理想時所尊重的限制，這種理想便是民主公民的理想，他們在其政治事務中努力使其行為符合那些得到我們合乎理性地期待他人認可的政治價值支持的項目。這一理想也表達了一種傾聽他人意見或修正我們自己觀點的願望。」[06] 羅爾斯認為政治冷淡和政治狂熱這兩種極端的政治現象都是公共政治文化缺乏生機和活力的表現，最終都會產生對自由民主政治的傷害和消極影響，政治冷淡主義者過分強調個人價值和獨立性所具有的終極性意義，而把公共生活看作是無價值的或者只具有工具性的意義，殊不知這實際上表達的是對他人的一種蔑視和不尊重，自由民主政治是所有公民的共同事業，需要每一個人的參與、關心和維護；相反，政治狂熱主義者則過分突出政治活動本身的意義和重要性，

06　John Rawls: Political Liberalism, Columbia University Press, 1996, P253

導言

認為個人只具有工具性的意義，這同樣是對他人的一種無端的侵犯和嘲弄。在羅爾斯看來，自由民主政治並不只是一種制度設置，雖然恰當的制度設置對於維護自由民主政治是不可或缺的，但更重要的也許是公民個人所具有的一種民主精神和民主氣質。

對於羅爾斯公共理性思想的研究明顯地表現出一種不對稱的現象，在西方學術界雖然也很少有對羅爾斯公共理性思想進行專門研究的著作，但是許多政治哲學方面的論文卻大量地涉及對羅爾斯所提出的公共理性思想的評論，而中國在對羅爾斯政治哲學的研究中，關於羅爾斯公共理性思想的研究幾乎是一個被忽視的層面，公共理性這一術語儘管經常出現，但大多數都是強調政府在公共管理活動中作為公共利益的謀劃者應當具有的公共性特徵，然而這種用法與羅爾斯對公共理性的理解有著相當的不同。當然，對這一術語的不同運用並沒有什麼值得指責之處，但是要把它看作對羅爾斯公共理性思想的研究恐怕也是不妥當的。關於西方學術界對羅爾斯公共理性思想的研究和評論，羅爾斯自己就曾經做出過明確的概括，這為我們歸納和梳理海外對羅爾斯公共理性思想的研究狀況提供了很大的方便。我們可以從以下幾種觀點大致了解西方學術界對於羅爾斯公共理性思想的研究成果。第一種觀點認為，羅

爾斯關於公共理性的論述為現代民主社會中公民之間的公共討論和公共協商提供了一種恰當的方式，持這種觀點的學者大多數是主張協商民主的政治理論家，比如 Charles Larmore、Joshua Cohen 和 Amy Gutmann 等人，他們同樣認為在公共討論中公民個人所認同的道德價值觀念不適合作為正當性證明的基礎，而是強調共享的觀念在公共證明當中的重要性。第二種比較常見的觀點則認為，既然羅爾斯強調公共理性是透過隱含在民主政治實踐和思想傳統中的政治話語得到具體的表達和描繪的，那麼這也就從某種意義上暗含著對社會政治現狀的一種肯定。因為任何政治話語都是某種特定群體利益的一種表達，在持這種觀點的人看來，羅爾斯所提出的公共理性只不過是對現存權力結構的一種新的辯護而已，然而在這種現存的權力結構中那些處於無權地位的人們則很少有政治上的發言權，同時也很少受到擁有權勢地位的群體的關注，這種觀點的代表主要是一些激進的民主主義者，比如 Seyla Benhabib、Nancy Frazer 和 Iris Young 等人，公民共和主義者 Michael Sandel 也基本上是從這樣一種角度對羅爾斯的公共理性思想進行了批評。第三種觀點主要針對羅爾斯在政治與形而上學之間所做的區分，持這種觀點的主要有 Jurgen Habermas、Ronald Dworkin 和 Jean Hampton 等人，他們認為不可能在

導言

絲毫不涉及形而上學的情況下進行真正的政治爭論，因為任何政治爭論都是在一定的前提之下並且按照一定的程序進行的，更為重要的是任何爭論總是需要有一個判斷命題是否具有有效性的標準。最後一種觀點與羅爾斯考慮的穩定性問題有關，羅爾斯認為在理性多元論的條件下建立一種政治的正義觀念能夠為社會穩定提供一個最合乎理性的基礎，但是由於社會中存在著某些完全不能與自由民主政治所主張的價值相融的學說，如果按照羅爾斯所主張的公共理性，那麼信奉這類學說的群體就不可能被允許參與到公共的政治活動當中，因為他們的要求無法得到公共理性的支持。這種觀點在某種意義上跟第一種觀點類似，都認為羅爾斯對於公共理性方面的主張限制甚至排除了某些社會群體參與公共政治活動的可能性，主張這種觀點的學者主要有 Robert B Talisse 和 Cass Sunstein 等人。

最後簡單地談談本書的寫作思路。我選擇羅爾斯關於公共理性的思想作為研究的主題，目的在於弄清楚羅爾斯是如何對公共理性進行界定的以及他與西方政治思想史上關於公共理性的思考有什麼不同。我認為只有在正確地了解這些問題之後才有助於我們掌握羅爾斯公共理性思想的意義。出於這樣的目的，我首先對公共理性思想進行了一種粗略的歷史性考察，在文章中我主要提到了霍布斯、洛

克、康德以及羅爾斯這四個人對公共理性的思考方式。在接下來的第二章則對羅爾斯自己提出的公共理性思想進行了全面的概括性論述。最後三章的內容分別從公民資格、政治建構論和政治合法性這三個方面對羅爾斯所提出的公共理性思想做了更具體的考察,因為這三個方面的問題構成了羅爾斯公共理性思想的核心。根據羅爾斯的理解,我們可以用一句話來概括他對公共理性的思考,公共理性源自民主社會中公民資格的概念,公民在公共的政治活動中遵循作為一種政治建構論的公共理性的要求和限制並且對自己的政治行動作出合法性和正當性證明。

導言

第一章
公共理性思想的歷史考察

第一章　公共理性思想的歷史考察

　　首先需要確定的一個問題是，我們應當從何處著手對公共理性這一主題的演變過程進行一種歷史考察。一般而言，如果把理性看作是人類自身具有的一種能力，那麼公共理性這一說法本身似乎就是一種不太恰當的表述，好像除了公共理性之外，人類還特別地具有私人理性或者別的什麼理性形態似的。其實倘若把理性理解為一種能力，那麼結果就像康德所說的那樣，理性只有一個，不同之處只是表現在理性自身的運用方式方面有所差別罷了。換句話說，理性本身沒有歷史，雖然透過運用我們的理性能力所產生的思想文化和物質文化在不同的時代會呈現出不同的表現形態，對它們當然可以進行一種歷史的考察和分析，但這已經不是對理性自身的考察和分析了。然而，人類又不僅僅是一種純粹理性的存在者，人類同時也是一種具有感性生命的存在者，並且個體的人也不可能獨自一人在這個世界中生存，他總是生存在某種形式的共同體當中。隨之而來的問題就是共同生活在一起的人所遵循的規範是什麼以及這些規範是如何被確立起來的，當然還會涉及規範本身的變化問題。這種共同體所遵循的規範就是我們在最一般意義上稱之為公共理性的東西，羅爾斯就是在這個意義上來使用公共理性這一概念的，當然他同時也對公共理性概念進行了更加嚴格的限定。但是，即便在公共理性被

當作共同體遵循的規範這一意義上，我們也不可能對公共理性的演變進行一種歷史的考察，從某種意義上講，規範具有一種無窮的可追溯性。

　　羅爾斯自己曾經說過，關於公共理性的討論有著漫長的歷史，但是他只是提到了康德對於理性的公開運用和私下運用兩者之間所做的區分，他並沒有對公共理性的演變過程進行詳細論述。按照羅爾斯對於公共理性這個概念的運用方式，公共理性屬於自由主義思想傳統的範圍，並且最終與政治正義性和政治合法性的問題連繫在一起，因此，我在這裡採取一種對自由主義思想發展歷史上幾個具有代表性的思想家進行分析的方式，我認為這種考察方式會對我們更好地理解羅爾斯的公共理性思想有所幫助，同時也有助於我們正確評判其得失成敗。

▍第一節　霍布斯 —— 主權者的公共理性

　　把霍布斯作為考察對象，人們一定會感到奇怪和困惑，因為在對霍布斯政治思想的傳統解釋中通常都不會把他當作一個自由主義者，而認為霍布斯的政治思想帶有強烈的極權主義色彩。然而，隨著對霍布斯研究的逐步深入，人們越來越認識到霍布斯政治思想的生命力和重要性，有的人認為霍布斯才是自由主義思想的真正發源地和

開創者，有的學者把霍布斯的代表作《利維坦》看作是英語世界中最偉大的政治哲學文獻。我在這裡並不是要對霍布斯在政治思想史上的地位進行某種爭辯，而是希望透過分析霍布斯的理論前提及其結論來具體地闡明他所提出的一種獨特形式的公共理性。我們都知道，霍布斯在說明人類社會和政治國家的產生和起源問題上引入了自然狀態這一概念，並且霍布斯對自然狀態的描述與洛克和盧梭相比有著巨大的差異，自然狀態在洛克和盧梭的描繪中呈現的是一種和平、舒適、安逸和田園牧歌式的生存環境。但是，在霍布斯的眼裡自然狀態卻是一種一切人反對一切人的戰爭狀態，生活在自然狀態中的人們「不斷處於暴力死亡的恐懼和危險中，人的生活孤獨、貧困、卑汙、殘忍而短壽」[07] 在霍布斯看來，人類要擺脫這種惡劣和悲慘的生存狀況，一方面要依靠人類的激情，另一方面要依靠人類的理性，在自然法的引導下建立政治社會，結束戰爭狀態，進入人類文明狀態。

在霍布斯所描述的自然狀態中，一切人都是平等的，任何人都必然是為保護自我而採取必要措施的唯一裁決者，任何人都有天然的權利裁定為自我保護採取什麼措施，在自然狀態的普遍敵對中，不在人本身能力控制下

07　霍布斯：《利維坦》，黎思復等譯，商務印書館，1997 年，第 95 頁。

的一切都被看作是對其存在的威脅。因此，一切都成了保護自我的手段，在這種每個人對一切都有權利的狀態下，沒有哪個人是安全的。人與人之間相互為戰的戰爭狀態導致的另外一個後果就是沒有任何事情可能是不公正的，正確與錯誤以及公正與不公正在自然狀態中都不能存在。除此之外，在自然狀態中沒有財產，沒有統治權，沒有「你的」和「我的」之分，每一個人能得到手的東西，只有在他能保住的時期內才是他的。從霍布斯關於自然狀態的描述中，我們可以清楚地看到它與羅爾斯對原初狀態的規定存在著某種類似之處，甚至和羅爾斯在後期特別強調的相互對立並且互不相融的世界觀多元主義狀況也有著相似的地方。然而他們卻提出了完全不同的政治正義原則，這也正是我把霍布斯作為考察對象的一個原因。當然，更重要的是由於霍布斯明確地使用了公共理性這一概念。

　　霍布斯認為人類要擺脫戰爭狀態，就必須建立一種強大的力量，這種力量必須能夠真正保障遵守自然法則的人的安全，否則遵守自然法則的人只會被那些不遵守的人玩弄於股掌之上。處於自然狀態中的人是完全自由和獨立的，在霍布斯看來人能夠服從一種外在的力量這種行為本身就表明人是自由的，他說道：「因為在我們服從這一行為中，同時包含著我們的義務和我們的自由；因之，它們

便必須根據這樣的論點來加以推斷。任何人所擔負的義務都是由他自己的行為中產生的，因為所有的人都同樣地是生而自由的。」[08] 同時自然狀態中的人還是完全平等的，這種平等不僅表現在身體方面，而且在智慧方面也是大致相當的，沒有哪一個人強大到如此程度，以致於敢說自己是絕對安全的，「自然使人在身心兩方面的能力都十分相等，以致有時某人的體力雖則顯然比另一人強，或是腦力比另一人敏捷；但這一切總加在一起，也不會使人與人之間的差別大到使這人能要求獲得人家不能像他一樣要求的任何利益，因為就體力而論，最弱的人運用密謀或者與其他處於同一危險下的人聯合起來，就能具有足夠的力量來殺死最強的人。……可能使人不相信這種平等狀況的只是對自己智慧的自負而已」[09] 正是因為自然狀態中的人具有完全的自由和平等，每個人都可以出於自我保護的目的而運用一切可以獲得的手段，儘管人類所具有的理性能夠讓人知曉「理性的命令」，也就是自然法則，但是自然法則的本質缺憾在於它僅僅對人的內心道德具有約束力，因此如果沒有一種足夠強大的力量使遵守自然法則的人得到生命安全的保障，就根本沒有什麼東西能夠促使一個人按照自然法則來行動，因為這樣做無異於自取滅亡。正如霍布

08　霍布斯：《利維坦》，黎思復等譯，商務印書館，1997 年，第 168 頁。
09　霍布斯：《利維坦》，黎思復等譯，商務印書館，1997 年，第 92 頁。

斯所說的那樣：「如果要建立這樣一種能抵禦外來的侵略和制止相互侵害的共同權力，以便保障大家能透過自己的辛勞和土地的豐產為生並生活的滿意，那就只有一條道路：把大家所有的權力和力量託付給某一個人或一個能透過多數的意見把大家的意志化為一個意志的多人組成的集體。這就等於是說，指定一個人或一個由多人組成的集體來代表他們的人格，每一個人都承認授權於如此承當本身人格的人在有關公共和平或安全方面所採取的任何行為、或命令他們作出的行為，在這種行為中，大家都把自己的意志服從於他的意志，把自己的判斷服從於他的判斷。」[10] 從這段很長的引文中，我們可以看到霍布斯所理解的共同權力的行使者即主權者是一種具有意志的和人格化的存在物，每一個人把主權者所做出的一切行動看作是自己的行動，把主權者的所有立法看作是自己的立法，服從主權者的意志和行動，也就是服從自己的意志和行動。換句話說，在自然狀態下存在的人類自由必須以某種方式體現在主權者的身上，否則主權者的任何行動就不可能具有一種要求每一個人都必須服從的義務特徵，因為按照霍布斯的理解，任何人身上都不存在不是他本身的某種行動產生的任何義務，所以霍布斯才特別地強調指出，主權者的產生

10　霍布斯：《利維坦》，黎思復等譯，商務印書館，1997 年，第 131 頁。

不只是在每一個人相互訂立契約並同意服從的條件下形成的，更重要的是相互之間結成一個具有意志的公共人格，這個具有意志的公共人格就是霍布斯所說的主權者或國家，他甚至把它稱作「活的上帝」。主權者的最高和唯一的任務就是實現和維護共同體的和平與安全。

　　霍布斯認為一個完美的共同體是一個棄絕任何人為了維護自己的生命安全就有權利按照他自己的判斷力來使用自己能力的共同體，因為如果允許這種情況存在的話，那麼結果就等於是取消了主權者或政治國家的存在，人類就依然處在沒有任何約束和保障的戰爭狀態。因此，霍布斯非常擔憂的是私人判斷和意見之間的不一致和分歧必然威脅到共同體的繼續存在，在霍布斯看來，人類並不像其他的動物那樣只受各自的慾望和判斷指揮和支配，同時還由於其他的動物沒有語言可以用來表達自己的偏好和意見，然而，對於具有感覺、激情、語言和理智的人類來說太容易產生判斷和意見上的分歧和對立，以至於人類若沒有一種公共的判斷和意見為人們所接受的話，就根本不能期望人與人能夠相安無事地生活在一起。霍布斯提出了一系列導致私人判斷和意見產生的原因，這多少有些類似羅爾斯對「判斷負擔」所作的說明，在所有導致人們判斷和意見不一致的原因中，霍布斯最為擔心的是人類所具有的高度

發達的語言修辭能力，他說道：「動物雖然也能用一些聲音來相互表示自己的慾望和其他感情，但它們卻沒有某些人類的那種語辭技巧，可以向別人把善說成惡、把惡說成善，並誇大或縮小明顯的善惡程度，任意惑亂人心，搞亂和平。」[11]

　　因此，霍布斯意義上的主權者作為一種具有意志的公共人格，在主權者身上每一個人都能看到自己的意志和自由。或者也可以這樣說，主權者所體現的自由和意志就是個別的人在自然狀態中所具有的自由和意志。由此導致的結果就是，主權者所做出的任何行動都是無可爭辯的，對於主權者來說，就像對於生活在自然狀態中的個人一樣沒有什麼正義與不正義，也沒有什麼好壞、對錯之間的區分。但是，對於相互訂立契約共同進入政治社會的個人來說，就必須服從主權者的命令和法律，因為如果不這樣的話，人們就依然會退回到人與人之間相互撕殺的自然狀態之中。在霍布斯看來，主權者是不可能犯錯誤的，也不可能對生活在主權者之下的個人犯下不義，因為從理論上說，主權者的意志和自由無非就是人在自然狀態中所具有的意志和自由的一種放大，換句話說，主權者之所以不會犯錯也不可能犯下不義，根本的原因就在於主權者出於自

11　霍布斯：《利維坦》，黎思復等譯，商務印書館，1997 年，第 130-131 頁。

身的行動對自己所造成的後果這一事實本身就沒有什麼正確還是不正確的分別。

　　然而，在現實的政治社會生活中又絕不可能像霍布斯所說的那樣，主權者的行動不會對生活於其下的個人造成傷害，因為作為公共人格化身的人和機構最終還得是現實的、活生生的人。但是，霍布斯卻堅持認為，即便是出現這種情況也比自然狀態中人類的生活狀況要好得多，因為只要主權者能夠有足夠的力量維持國內的和平和成功地抵抗外來的侵略，就至少不會有出現在自然狀態中的那種一切人反對一切人的戰爭狀態。生活在政治社會中的人不可避免地會產生各式各樣的不同判斷和意見分歧，任其自流就必然威脅到政治社會的和平秩序和持續存在，因此，霍布斯認為必須由主權者所具有的公共意志來裁決人們在判斷和意見上的分歧。正如霍布斯在談到如何對待宗教奇蹟的時候所說的那樣：「關於這一點，我們不能運用自己的理性或良知去判斷，而要運用公共的理性，也就是要運用上帝的最高代理人的理性去判斷。誠然，如果我們已將主權賦予他，讓他做出一切對於我們的和平和防衛而言有必要的事情，我們就已經把他當成事物的判斷者了。由於思想是自由的，一個人在內心中始終有自由根據他自己對號稱是奇蹟的行為，在其使人相信時，根據它對於那些自稱

能行奇蹟或支持奇蹟的人會產生什麼好處，來決定相信與否，並根據這一點來推測這些事情究竟是奇蹟還是欺騙。涉及這種信仰的時候，個人的理性就要服從公共的理性，也就是服從上帝的代理人。」[12] 從以上對霍布斯理論所作的簡要分析中我們可以看到，雖然在霍布斯那裡還不存在對政治權力合法性問題的討論，也根本沒有對如何限制政治權力應用的問題做出分析，或者更準確地說，霍布斯也根本不會考慮諸如此類的問題，因為政治權力在他那裡表現為主權者自身的一種意志和自由以及由主權者做出一切行動。但是，主權者在其產生時所具有的公共性，一勞永逸地確保了主權者自身的行動和判斷擁有和承擔起一種公共理性的功能。

▌第二節　洛克 —— 公民社會的公共理性

洛克被稱作是「自由主義的鼻祖」，後來的自由主義思想家在很多方面都受到他的啟發，尤其是他關於權力分立方面的思想對自由主義的政治實踐產生了深遠的影響。同霍布斯一樣，在洛克那裡也出現了對自然狀態這一概念的運用，並以此來說明政治社會的產生和起源。雖然洛克對自然狀態的描述與霍布斯意義上的自然狀態有很大的不

12　Thomas Hobbes: Leviathan, Richard Tuck ed Cambridge University Press, 1991, P306

同，但同樣明顯的是，洛克意義上的自然狀態也不是完美無缺的，也存在著很多缺陷。他指出：「第一，在自然狀態中，缺少一種確定的、規定了的、眾所周知的法律，為共同的同意接受和承認為是非的標準和裁判他們之間一切糾紛的共同尺度。」「第二，在自然狀態中，缺少一個有權依照既定的法律來裁判一切爭執的知名的和公正的裁判者。」「第三，在自然狀態中，往往缺少權力來支持正確的判決，使它得到應有的執行。」[13] 因此，在洛克看來，雖然人類在自然狀態中享有完全的自由和平等，但是由於在自然狀態中存在著許多的缺陷和不便，所以人們在這種狀態下的生活並沒有我們想像的那樣良好，人們被迫建立某種形式的政治社會，按照洛克的理解，真正的和唯一的政治社會是「在這個社會中，每一個成員都放棄了這一自然權力，把所有不排斥他可以向社會所建立的法律請求保護的事項都交由社會處理。於是每一個別成員的一切私人判決都被排除，社會成了仲裁人，用明確不變的法規來公正地和同等地對待一切當事人；透過那些由社會授權來執行這些法規的人來判斷該社會成員之間可能發生的關於任何權利問題的一切爭執，並以法律規定的刑罰來處罰任何成員對社會的犯罪；這樣就容易辨別誰是和誰不是共同處

13　洛克：《政府論》（下冊），葉啟芳等譯，商務印書館，2004 年，第 77-78 頁。

在一個政治社會中」[14] 從洛克對政治社會的說明中，我們可以看到他與霍布斯之間的明顯不同。在洛克這裡，政治權力本身受到公民社會共同制定的法律的限制，或者說洛克所理解的政治權力是生活在公民社會當中的一切人共同擁有的權力，而在霍布斯那裡，政治權力是主權者自身行動的一種表現形式，不存在對政治權力進行限制的問題。

我們可以看看洛克是怎樣來界定政治權力的。他說：「政治權力就是為了規定和保護財產而制定法律的權利，判處死刑和一切較輕處分的權利，以及使用共同體的力量來執行這些法律和保衛國家不受外來侵害的權利；而這一切都只是為了公眾福利。」[15] 這非常清楚地表明，洛克所說的政治權力是一種制定法律的權利，並且這種立法權力被限定在社會公共福利的範圍之內。「正如業已證明的，一個人不能使自己受制於另一個人的專斷權力；而在自然狀態中既然並不享有支配另一個人的生命、自由或財產的專斷權力，他所享有的只是自然法所給予他的那種保護自己和其餘人類的權力；這就是他所放棄或能放棄給國家的全部權力，再由國家把它交給立法權，所以立法機關的權力也不能超出此種限度。他們的權力，在最大範圍內，以

14　洛克：《政府論》（下冊），葉啟芳等譯，商務印書館，2004 年，第 53 頁。
15　洛克：《政府論》（下冊），葉啟芳等譯，商務印書館，2004 年，第 4 頁。

社會的公眾福利為限。」[16] 很明顯，從自然狀態進入到政治社會狀態當中，個人並沒有放棄一切權利，而是僅僅把保護自己的生命、自由和財產以及對侵害自己的生命、自由和財產的行為進行處罰的權利交給了政治社會，除此之外的由自然法規定的一切權利仍然是每一個人都擁有的，並且轉讓出去的那部分權利所形成的立法權說到底還是一種自然權利，亦即保護自己並對給自己造成傷害的人予以懲罰的權利。正是由於這個原因，洛克才說，立法權「絕不能有毀滅、奴役或故意使臣民陷於貧困的權利。自然法所規定的義務並不在社會中消失，而是在許多場合下表達得更加清楚，並由人類法附以明白的刑罰來迫使人們加以遵守。由此可見，自然法是所有的人、立法者以及其他人的永恆的規範。他們所制定的用來規範其他人的行動的法則，以及他們自己和其他人的行動，都必須符合於自然法、即上帝的意志」[17]

因此，在按照洛克所設想的方式建立起來的政治社會中，一方面，制定法律的政治權力被限制在促進公共福利這樣一種範圍之內，並且立法必須體現自然法的要求；另一方面，由於進入到政治社會狀態中的人們並沒有喪失他們的全部權利，他們依然擁有大部分自然法所規定的權

16　洛克：《政府論》（下冊），葉啟芳等譯，商務印書館，2004 年，第 83 頁。
17　洛克：《政府論》（下冊），葉啟芳等譯，商務印書館，2004 年，第 84 頁。

利，因此，政治權力本身除了受到公共福利這一限定之外，也受到生活在政治社會中的成員的限定，因為他們並沒有全部放棄自然權利。

其實，我們可以用一種簡單化的表述來說明洛克的理論結構，首先是生活在自然狀態中的人透過訂立契約結成社會，然後，社會再把制定法律的權力轉讓給立法機關，並且洛克還特別強調執行立法權的人同樣是現實的、活生生的人。這樣一來，在洛克的整個理論構想中，只要人們還生活在一個共同體中，或者說社會中，那麼公民社會就始終具有決定性的地位，公民社會可以決定被賦予立法權的人是否違背了公民社會的共同福利，並且能夠決定是否讓其繼續行使立法權力。在談到應該由誰來判斷君主或立法機關的行為是否是為了公共的福利時，洛克說：「人民應該是裁判者；因為受託人或代表的行為是否適當和合乎對他的委託，除委託人之外，誰應該是裁判者呢？當受託人辜負委託時，委託人既曾給予委託，就必須有權把他撤回。如果在私人的個別情況下這是合理的話，那麼在關係極重大的場合，在關係到千萬人的福利的情況下，以及在如果不加防止禍害就會更大而救濟就會感到很困難、費力和危險的情況下，為什麼倒不是這樣呢？」[18] 因此，在洛

18　洛克：《政府論》（下冊），葉啟芳等譯，商務印書館，2004年，第149-150頁。

克對於政治權力的理解中，我們可以看到政治權力並不具有最終的效力，這種政治權力也不是霍布斯所理解的那種具有意志的公共人格的行動表現，相反，只有人民，也就是洛克所說的公民社會才是最終的裁決者。

▌第三節　康德 —— 公共性和理性的公用

理性概念在康德的批判哲學體系中獲得了至高無上的地位。大致說來，康德是從人類如何才能最終達到啟蒙狀態這一問題出發來強調理性之公共運用所具有的重要地位的。康德認為，人類的自然狀態充滿著戰爭與糾紛，唯有進入憲政，人類才能獲得自由。在康德看來，人有趨善的本質，但是人的動物性（animality）會自我矇蔽，因此他稱人具有根本之惡（radical evil）。康德眼中的自然狀態，絕非洛克或盧梭心目中所設想的自然狀態，反而比較接近霍布斯所理解的戰爭狀態。他在《永久和平論》這篇文章中，直截了當地指出了所謂的自然狀態就是戰爭狀態，「人與人生活於相互間的和平狀態並不是一種自然狀態，那倒更其是一種戰爭狀態；也就是說，縱使不永遠是敵對行為的爆發，也是不斷在受到它的威脅」[19] 同時，他也認為人雖然具有合群的天性，但是人性自私，人的社會性是

19　康德：《歷史理性批判文集》，何兆武譯，商務印書館，2005 年，第 108 頁。

一種「非社會的社會性」（unsocial sociability）。由此看來，康德雖然相信理性，但是他對人的動物性同樣有著清醒的認識。因此他主張我們要立法，依理性的原則立法，以理性之法馴服人的動物性，所以他才滿懷信心地說，就算是惡魔般的烏合之眾也可以打造成守法的國度。康德所說的實踐理性的立法，表現為內外兩個層面，就內而言，就是道德律（moral law），用來規範自我的行動；就外而言，就是公共法（public law/right），用來規範人與人之間的外在關係。在《論通常的說法：這在理論上可能是正確的，但在實踐上是行不通的》一文中，他所指的公共法就是人民的憲法，也就是原初契約。康德認為若要建立文明狀態、獲取真正的自由，人們就必須建立原初契約。原初契約與一般的契約不同，一般的契約都是為了某種特殊的目的，但是康德宣稱，原初契約就是目的本身。原初契約本身就是目的，其目的就是要確立「強制性公共法之下的人權」（the right of human beings under public coercive laws）。在公共法狀態之下，人的權利都可獲得確保，以免於他人的侵害。但是在公共法之外，人的權利沒有保障，也因此沒有真正的自由可言，此即康德在公共自由方面的主張。

康德所說的公民立法雖然有積極性，但並不是漫無限

制地向當代英國政治哲學家柏林所說的積極自由傾斜。康德認為一個合法與正當的狀態必須建立在三個原則的基礎之上：「第一，作為人的每一個社會成員的自由；第二，作為臣民的每一個社會成員與其他成員的平等；第三，作為公民的每一個共同體成員的獨立。」[20] 因此，雖然公民具有積極立法的權限，但是維繫私人自主的自由、平等與獨立的三項基本原則是不得加以侵害的。所以康德的自由觀實際上是融合了古代人的自由與現代人的自由、積極自由與消極自由的一種獨特觀點。

　　康德反覆強調，實踐理性只有一個，內在的道德律與外在的公共法並無原則上的差異。這就產生了一種在理解康德的理論時兩種相互衝突的觀點，也就是究竟康德的倫理學是契約論還是目的論的爭議。從目的論的角度來看，如果人為自身立法是符應更高的倫理秩序（理性存在者的倫理秩序，非人性的），那麼所謂的立法只不過是去發現神所遺留給人類的秩序而已。從契約論的角度看，人的立法就是立約，而不是去發現神的意志，這種世俗化的解釋，也就是羅爾斯的觀點，所以他稱康德的觀點是道德建構論。事實上，我們可以用另外一種理解方式避開目的論與契約論的爭議，也就是直接從康德的哲學中獨立出

20　康德：《歷史理性批判文集》，何兆武譯，商務印書館，2005 年，第 194 頁。

一種政治哲學，將它與康德的道德哲學分開看待。從康德其他的著作可以看到，他暗示了道德律與公共法兩者不僅在適用上有差別，就是在各自的嚴格性方面也是存在著差異的。

　　首先，在《單純理性限度內的宗教》（*Religion within the Boundaries of Mere Reason*）一書中，康德很清楚地區分了兩種不同層次的共同體，一種是包含所有理性存在者（rational being）的倫理共同體，另一種則是只包含特定群體的政治共同體，前者遵守道德律，後者受公共法的約束，而道德律的嚴格性要高於公共法，因為康德認為，對倫理共同體的義務優先於對政治共同體的義務。必須注意的是，康德所謂的理性存有者，並非單指我們所屬的人類這樣一個物種，它同時還包含不具動物性的存在者，比如天使或聖靈，因為康德的形而上學從未排除神學的可能性。因此，康德《道德的形而上學原理》一書所揭示的「目的王國」（kingdom of ends）理念，並不僅僅是人類的結合，而且理性的聖靈也同樣參與。

　　其次，道德律是依據普遍性原則（principle of universal-izability）立法，而公共法則是依公共性原則（principle of publicity）立法。在康德看來，道德律就是依理性的自我立法，適用於所有的理性存有者，因此，具有普遍性的道德

律絕無錯失。普遍性原則最清楚的展現，就是康德絕對命令的第一道公式：「要這樣行動，使得你的意志的準則任何時候都能同時被看作一個普遍立法的原則。」[21] 這樣的普遍性原則對於政治行動來說，無疑是過度嚴格苛刻了，因為我們很難舉出任何政治綱領可以放之四海而皆準。畢竟，政治處理的是人的事務，而不是神的事務。或許正是由於這個原因，康德除了有意識地區分倫理共同體與政治共同體的不同，在他的政治性論文當中，談到政治的正當性時，他提到的原則都只有公共性原則。公共性原則顯然不具有普遍性原則所要求的嚴格性，它僅要求一項政治行動如果要是正當的，它就必須是公開的。因此，康德批評革命缺乏正當性，因為革命之所以能成功就在於它是祕密進行的，這就違背了公共性原則。總之，康德認為，公共性是政治正當性的必要條件。

由以上的兩個說明，我們有理由相信，康德的政治哲學確實可以跟他的道德哲學分開處理。康德的政治哲學根本意義就是指出公共性原則作為指導政治行動的意義。他認為，政治秩序或公共法如果要是正當的，就必須交由人民公評。因此他以這樣一種方式來界定公共法的正當性：只要人民有可能去同意公共法，它就是正當的；如

21　康德：《實踐理性批判》，鄧曉芒譯，人民出版社，2003 年，第 39 頁。

果人民沒有可能去同意它，它就是不正當的。康德批評霍布斯，因為霍布斯認為主權者不會犯錯，康德卻認為，主權者當然會犯錯，但這不代表人民有抵抗權（甚至是革命權），人民仍須守法，但是可以利用筆的自由（freedom of pen），亦即廣義的言論自由，充分地議論與批評。正如康德所說的那樣：「要是假定領袖不會犯錯誤或者是能夠無所不知，那就把他說成是特蒙上天的啟示而超乎人類之上了。因此，言論自由就是人民權利的唯一守護神，——但是須保持在尊敬與熱愛我們生活於其中的體制這一限度之內，並透過體制本身也要促進臣民的自由思想方式，而且各種言論彼此也互相限制，從而它們才不致喪失自己的自由。因為要是想否定人們的這種自由，那就不僅僅等於是剝奪了他們對最高統帥有任何權利的要求，而且還取消了最高統帥 —— 他的意志僅僅是由於它代表普遍的人民意志，才能對作為公民的臣民發號施令 —— 有關他得以進行自我糾正的全部知識並把他置於自相矛盾的地位。」[22]在康德晚期的政治論文中，他不斷提到公共性的重要性，因為他相信理性的絕對力量，任何的主張都必須放在理性的法庭中加以衡量。對康德而言，私密與啟蒙理性是完全背道而馳的。這在他的《什麼是啟蒙運動》一文就說得很

22　康德：《歷史理性批判文集》，何兆武譯，商務印書館，2005 年，第 211 頁。

明白，他認為人要掙脫自我導致的矇昧，就必須要集眾人之力，付諸理性的公共運用（public use of reason），擱置理性的私下運用（private use of reason），他說道：「必須永遠要有公開運用自己理性的自由並且唯有它才能帶來人類的啟蒙。私下運用自己的理性往往會被限制得很狹隘，雖則不致因此而特別妨礙啟蒙運動的進步。而我所理解的對自己理性的公開運用，則是指任何人作為學者在全部聽眾面前所能做出的那種運用。一個人在其所受任的一定公職崗位或者職務上所能運用的自己的理性，我就稱之為私下的運用。」[23] 這個理性的公共運用，就是筆的自由。在此，我們也可以看到康德對哈伯瑪斯公共領域概念的影響。

　　從以上的介紹，我們可以清楚地看出康德的共和主義傾向。他嚮往一種自我立法的公民自由以及一種自由論述的公共知識分子的精神。他同意蘇格拉底所說的，未經檢視過的生活不值得過，他同樣認為，未經理性檢視就接受法律，等於是置理性於不顧的盲從。康德嚮往的政治共同體，不只是由一群奉公守法的公民組成，而是由積極參與立法的公民所組成，因為他相信人不僅僅是因守法而自由，更重要的是人由於遵守自己為自己制定的法律而自由。

23　康德：《歷史理性批判文集》，何兆武譯，商務印書館，2005 年，第 25-26 頁。

第四節
羅爾斯 —— 作為公共證明之基礎的公共理性

　　雖然羅爾斯只是在後期才突出地強調並系統地闡述了公共理性的思想，但是就羅爾斯所理解公共理性這一概念所包含的規範性內涵而言大體上還是他在《正義論》中就提出並加以論證的正義原則。羅爾斯為了證明正義的原則，提出了一個極富原創性的概念 —— 原初狀態，作為公民訂立社會契約的出發點。羅爾斯認為，人類的社會乃是一個互惠互利的共同事業，而原初狀態則是一個可以確保人們訂出一套公平的社會合作條件的一種狀態。在原初狀態之下，人們處於平等的地位，並且透過無知之幕的設計，剝除掉契約各方對自身社會經濟地位與天生稟賦的種種知識，以確保公平的社會合作條件的產生。羅爾斯所謂的原初狀態，是一種假設性與非歷史性的設計，並不是一個現實經驗的描述。透過這種設計，我們得出的原則將可以摒除一己之私，而得到雖不完美但是卻可以為眾人接受的正義原則。

　　羅爾斯在《正義論》一書的前言就說得非常清楚，他的理論是繼承盧梭與康德的契約論傳統。但是他所採取的是一種批判性的繼承。他認為，康德的道德哲學最有價值

的概念就是自主性，那是一種為自己選擇原則（為自己立法）的理性能力，它甚至可以為倫理共同體立法，而原初狀態正是對這一概念的發揮。但是，羅爾斯也強調他與康德在自主性上的兩點不同。首先，康德所謂為自己立法的人乃是本體自我，而他指的立約者是一群人；此外，康德的自主性是屬於所有的理性存有者，而羅爾斯指的是現實的、活生生的人。總而言之，羅爾斯將康德的絕對命令世俗化為契約論的命題，因為他只著重在立法、立約的程式上。

羅爾斯後來又在《政治自由主義》中進一步地區分他跟康德在自主性概念上的幾點不同，其中最重要的一點是，康德的自主性概念是一種全面性的主張，全面地規範了人們的倫理生活，而羅爾斯的自主性概念則是非全面性的。「康德的學說是一種完備性的道德觀點，在這一觀點中，自律的理想具有一種規導一切生活的規導性作用。」[24]所以他稱康德的主張為道德建構主義，而他自己的觀點則是政治建構主義。

羅爾斯強調，處在原初狀態中的人並不是一無所知的白紙，他們都具有立約人的兩種基本道德能力：善觀念的能力（the capacity for a conception of good），以及基本的正

24　John Rawls: Political Liberalism, Columbia University Press, 1996, P99

義感的能力（the capacity for a sense of justice），這些都是在《正義論》就已經提及的部分。羅爾斯後來進一步強調原初狀態中的人，就是契約論概念下的公民，所謂的正義感就是指理解、遵循並依據公平的社會合作條件行動的能力，而善觀念的能力乃是能夠形成、修正和合理追求某一決定性善觀念的能力。所以，羅爾斯認為他的觀點完全是政治的，因而可以擺脫形而上學爭論的糾纏。

　　羅爾斯的立約公民並非無所不包的立法者，立約的目標僅限於社會中的各種社會基本結構，也就是主要的政治、社會與經濟制度，其中羅爾斯最重視的就是所謂的憲法根本和基本正義問題。他將憲法根本和基本正義問題分為兩大類：「具體規定政府之一般結構和政治運行過程（包括立法、執法與司法權；多數人統治的範圍）的根本原則；以及立法的大多數人所尊重的公民的平等之基本權利與自由，諸選舉的權利和參與政治的權利、良心自由、思想自由和結社自由以及法規保護。」[25] 原初狀態的立約公民是一群公民代表，而非人人參與的制度設計。羅爾斯的契約論將政治秩序的確立區分成四個階段，他首先將公民代表的立約權侷限在基本結構、憲法基本要素的制定上，此為第一階段，稱為原初狀態；至於實質的制定憲法，則

25　John Rawls: Political Liberalism, Columbia University Press, 1996, P227

是交由制憲會議，此為第二階段；然後再交出立法機關立法，此為第三階段；最後的第四階段則是法律適用階段，此階段則是與每個人都休戚相關、人人都可以參與（因為從一般的法律訴訟，到所謂的公民不服從，都將一般人民與法適用連結起來）。因此，羅爾斯的契約論層次分明，已經較康德的原型發展了許多。

　　羅爾斯為了論證正義原則的公共性與正當性，進一步提出了公共證明的理論。公共證明意味著我們可以運用彼此共享的正義概念，來證明我們的各種政治判斷。換言之，羅爾斯所謂的公共證明意指著正義原則如何證明我們的政治判斷的過程。羅爾斯將公共證明的概念與其他三個相關的理論連結起來：重疊共識、反思平衡與公共理性，這三者可以稱為廣義的公共證明的三大部分。

　　在《正義論》一書中，正義原則的導出，完全來自於原初狀態的契約論情境的層層推演。與此同時，羅爾斯並沒有考慮不同的宗教、道德背景差異的影響，在他看來，他的正義兩原則是必然的結果，是具有普遍性的正義原則。但是在二十年後出版的《政治自由主義》中，他承認自己面臨著一個嚴重的問題：在現代民主社會不只擁有各種各樣的宗教、哲學與道德的完備性學說，而且這些主張各具合理性卻又彼此互不相容。換言之，合乎理性的卻

互不相融的完備性學說成為羅爾斯理論的最大挑戰，因為這意味著在現代民主社會，集體性的共識既是如此難以達成，更不用說共同信守的正義原則。如此一來，政治共同體的穩定性將受到嚴峻的挑戰。

因此，羅爾斯在後期便很認真地看待各種不同的完備性學說之間的差異。他首先提出判斷的負擔（burdens of judgment）的說法，以此來說明每個政治判斷背後都有不同的影響因素，而這些不同因素總合起來，就影響了我們如何做判斷以及做什麼判斷。由於判斷的負擔和完備性學說的影響，使得達到完全一致共識的可能性幾乎不存在。那麼人們該如何為政治共同體尋求一種理性的共識呢？羅爾斯認為，大家必須仰賴重疊的共識，儘管不同的社會群體擁有不同的完備性學說，但是大家只要掌握住若干的政治共識，穩定的政治共同體就有可能誕生。因此，羅爾斯再三強調，重疊共識是政治的而不是形而上學的，它的目標就是社會的基本結構的安排。

此外，重疊共識不是一種完備性的學說（non comprehensive doctrine），因此，羅爾斯強調秩序良好的民主社會與共同體和社團之間有不同，其最主要的差別，就是共同體與社團都有特定的成立目的，也都有共同而單一的完備性學說，而秩序良好的民主社會是相互尊重和民主寬

容的，它不偏袒任何一種特殊的完備性學說，秩序良好社
會的基礎就是公民的重疊共識。儘管重疊共識在多元團體
之間異中求同，但是它的屬性卻與所謂的臨時協定完全不
同。重疊共識的基礎不是各團體之間任意的協議，它的基
礎仍奠定在原則之上，因此它是一個道德性的概念，它也
具有道德基礎。正如羅爾斯在說明兩者之間的區別時所提
到的那樣：「共識的目標是政治正義觀念，它本身就是一
個道德觀念。其次，它是在道德的基礎上被人們所認可
的，這就是說，它既包含著社會的觀念和作為個人的公民
觀念，也包括正義的原則和對政治美德的解釋。透過這種
解釋，那些正義的原則便具體體現在人的品格之中，體現
在人們的公共生活當中。因此，重疊共識不只是一種對接
受某些建立在自我利益或群體利益之基礎上的權威的共
識，或者只是對服從某些建立在相同基礎之上的制度安排
的共識。所有認可該政治觀念的人都從他們自己的完備性
觀念出發，並基於其完備性觀念所提供的宗教根據、哲學
根據和道德根據來引出自己的結論。」[26]而這個重疊共識，
在羅爾斯看來，就是他所謂的正義兩原則，所以他後期雖
然對於共識的嚴格性加以放鬆，但是始終沒有放棄他對正
義兩原則的信念。

26　John Rawls: Political Liberalism, Columbia University Press, 1996, P147

　　與公共證明相關的第二個理論，就是反思平衡。所謂的反思平衡，就是指在正義原則與政治判斷之間取得平衡的狀態。羅爾斯很清楚，正義原則僅是抽象的原則，不可能很直接而融洽地套用到具體的事件上，原則與判斷之間必然有某種程度的對比和調整，我們最後才能做出符合原則的判斷。然而，羅爾斯認為，反思平衡並不是一個僵固不移的定點，我們有可能會產生許多不同的平衡點。換言之，反思平衡是一個動態的過程，而且是雙重方向的動態過程：以原則矯正判斷，以及因判斷而修正原則。儘管我們有許多定見與既有的判斷，但如果他們不符合更高層次的正義原則，那我們就要修正我們的判斷。此外，如果原則與人們的既有判斷差距太遙遠，甚至達到讓我們重新考慮該原則是否合理時，我們就必須重新思考修正原則的可能性。例如，當奴隸制度與人們的正義觀落差越來越大時，人們終究要修正憲法、廢除奴隸制，這就是因判斷修正原則的例子。

　　羅爾斯認為，公民之間形成正義原則、做出符合正義原則的政治判斷，必須仰賴公民的理性能力與道德能力，他稱之為公共理性。有時，公共理性又可作公共理據解釋羅爾斯最終的理論目的，乃是要證明合理性的憲政民主的可能性，因此他認為政治秩序的維持不僅僅是仰賴強制性

的政治權力，這些政治權力必須有公民的公共理性作為基礎。也就是說，平等的公民必須以他們的理性公開地認可基本正義與憲法基本要素，這樣的政治秩序才是有正當性的。

羅爾斯進一步區分了公共理性與非公共理性的差別，公共理性是關乎國家權力的使用，而非公共理性則是在私人領域或一般的結社組織中使用的理性，例如教會與大學。羅爾斯關於公共理性與非公共理性的這一區分，與康德所區分的理性的公共運用和私下運用有某種類似之處，康德認為理性的公共運用是更高層次的義務，以政治共同體為念而不以私人的職務與組織為念，而理性的私下使用則是相反的狀況。不過，康德所說的理性的公共運用是鼓吹知識分子發揮「筆的自由」即言論自由，但是羅爾斯的公共理性的使用範圍要窄得多。羅爾斯的公共理性的標的就是憲法基本要素與基本結構的正義問題，因此不像言論自由那麼寬廣。在羅爾斯看來，他理想中的公共理性範例，就是聯邦最高法院的司法審查。他後來又進一步說明，他所指的公共理性的使用乃侷限在公共的政治論壇；公共的政治論壇有三大部分，司法裁決的論述（尤其是聯邦最高法院）、主要的行政與立法機關的論述，以及政治競選活動的候選人與其主要幕僚的論述。至於所謂市民社

會的公共言論，羅爾斯把它們都歸到背景文化去了，並不
在他的討論範圍之內。

　　作為當代康德契約論的重要復興者，羅爾斯透過他的
政治建構主義，將康德哲學改造成符合當代憲政民主的模
式。但是羅爾斯小心地在共和主義與自由主義之間、在積
極自由與消極自由之間取得平衡。他的原初狀態似乎將立
約公民看作是為秩序良好的社會奠基的積極公民，但是他
又是以代表制的精神來看待原初狀態的。他大談公民的公
共理性，但是卻將它限制在行政、立法與司法論述上，而
將宗教觀點、市民社會的輿論排除在公共的政治論壇之
外，並且把它們歸於公共理性的背景文化；他雖然強調司
法、立法與行政機關並不是最終的上訴法庭，最終的裁決
者是具有選舉權的全體公民，並據以說明公民不服從與良
心自由的正當性，但是他並不認為人民可以任意地認定法
律不合乎憲法，而主張公民必須窮盡所有的法律手段，並
且採取和平手段，才能抵抗法律。羅爾斯對於康德有所繼
承，也有所批判。他將康德契約論的形而上學色彩完全去
除，將自主性解釋為自由和平等的公民能共同制定公平的
社會合作條件並信守原則的能力。他認為所謂的正義概念
是獨立的（freestanding），並不需要仰賴其他道德哲學的
設定，所以他的理論是政治建構論，而非道德建構論。此

外，羅爾斯的另一貢獻，是調和了契約論的一元主義與多元社會的現實性。在多元分歧的社會裡，我們能追求的僅是重疊共識；而要邁向穩定的政治秩序，我們必須擱置自身的完備性學說，認清自身判斷的負擔的影響，追求共同認可的憲法根本和基本正義並建立公平的基本結構；只有這樣，憲政民主中公民之間相互尊重和民主寬容的政治關係才有可能。

　　從以上對公共理性之歷史所做的簡單和零碎的考察和論述中，我們大致可以形成如下判斷：儘管公共理性這一概念在不同思想家那裡有著不同的規定性，但有一點是共同的，那就是對公共理性的解釋始終相關著共同體自身的正義性問題，並且就我們提出的這些政治思想家而言，公共理性在政治正義性的考量中所具有的重要性和地位有著明顯的不同，這體現出公共理性這一概念在其規範性內涵方面的變化和擴展。在霍布斯那裡，政治共同體是直接從自然狀態過渡到政治社會狀態而形成的，其方式是所有的人都放棄自己擁有的權力和意志並且相互承認和服從一個公共的意志。這樣，在霍布斯的理論中作為公共意志的承載者本身同時也就是公共理性的承擔者。霍布斯把這種公共理性的承載者稱為主權者，主權者的任何行為由於其自身表現著公共意志而自然地具有一種正義性。然而，在霍

布斯那裡卻始終存在著實體化的主權者如何形成的問題。
這個問題在繼霍布斯之後的洛克那裡有了明確的說明。
在洛克看來，生活在自然狀態中的人們並不是直接地就由
自然狀態過渡到政治狀態，而是首先結成公民社會，再由
公民社會以一定的方式來確定由誰來作為政治權力的承擔
者。因此，按照洛克的理論設想，政治權力的運用是否具
有正義性最終要由公民社會來進行判斷和裁決，也就是
說，公民社會作為法律的最終來源決定著政治行動本身是
否具有正義性。但是，在洛克的理論中依然懸而未決的問
題是，由於公民社會中的所有成員並不是在任何關於正義
的事情上都有著一致的觀念，而是始終存在著意見和觀點
方面的分歧和衝突，因此，洛克關於公共理性的概念就仍
然是不完善的。啟蒙思想家康德則更加強調理性的公共運
用對於人類啟蒙的意義，而不特別強調政治合法性必須依
賴於任何一個人在公開的運用理性的過程中所形成的觀點
和意見，康德從另外一個不同的層面突出了自由在人類社
會政治生活中的重要作用。羅爾斯承襲了康德關於人是自
由和平等的理念，同時因為羅爾斯是在一種更為現實的觀
點之下來思考政治的正義性問題，我們已經大致看到羅爾
斯對政治正義性問題的思考既不是訴諸公民社會中大多數
人的意見，也不是在理性的公開運用這個意義上來具體地

規定公共理性的實質性內涵。在羅爾斯那裡，公共理性作為約束公民政治行動的限制性規範，他更加強調的是公民政治行動所具有的論證性特徵。尤其重要的是，羅爾斯認為公共理性所要求的這種關於政治行動的論證性特徵必須是在公民擁有一種共享的政治正義原則和觀念的情況下才是可能的。隨著後文的逐步展開，我們會更加清楚地認識到，公共理性在羅爾斯那裡主要是為公民之間的政治交往提供一種理性的基礎。

第二章

羅爾斯的公共理性思想論綱

第二章　羅爾斯的公共理性思想論綱

　　任何一個思想家在理論創作過程中，為了準確地表述其理論體系和基本思想，都會遇到如何選擇和界定術語和概念的問題，這在理論創造過程中是不可避免的。我們甚至可以說，思想觀念上創造性的突破往往是與重新界定和選擇術語緊密連繫在一起的，道理很簡單，因為任何一個術語都表達著某種特定的思想和觀念，一個術語在經過反覆的使用之後通常都會產生一種思維定勢，當人們看到一個名詞術語時都會條件反射式地聯想到某種特定的思想和觀念，這就已經足以對一種創造性的思維構成障礙了。當然，名詞術語的界定和選擇也不是思想表達者為了標新立異就可以隨心所欲地發明和創造的，從根本的意義上來說，名詞術語的界定和選擇是一件非常困難的事情，同時也是一件極為嚴肅的工作。康德曾經指出：「當語言在對給予的概念本來已經不缺乏任何表達的時候人為地去製造新名詞，這是一種不透過新真實思想、卻想透過在一件舊衣服上加一塊補丁來使自己突出於眾人之上的幼稚做法。」[27] 這一章的主要內容就是要對羅爾斯的公共理性思想進行一種概括性的說明和描述，以便從總體上對羅爾斯提出的公共理性思想有一個整體的理解和掌握。

27　康德：《實踐理性批判》，鄧曉芒譯，人民出版社，2003 年，第 10-11 頁。

▌第一節　公共理性與民主觀念

　　羅爾斯提出公共理性的根本目的在於為現代立憲民主
政體中公民之間的政治生活和政治關係提供一種新的理解
和說明，這主要有兩個方面的意思。首先，公共理性屬於
民主社會和民主政體的範圍，換言之，只有在民主政體中
才存在運用公共理性對社會政治問題進行探討的方式，而
在民主政體之外的獨裁政體和貴族政體中則根本不存在運
用公共理性的方式來思考社會政治問題的可能性。其次，
公共理性所關注的問題是我們應當如何理解民主社會中的
政治關係，這種關係具體表現為公民與立憲民主制政府之
間的關係以及公民與公民之間的相互關係。羅爾斯在《公
共理性觀念再探》這篇文章中，開宗明義地指出：「按照
我的理解，公共理性的觀念屬於秩序良好的立憲民主社會
的觀念。公共理性的形式和內容 —— 公共理性為公民所
理解的方式以及它對公民之間政治關係的解釋方式 ——
是民主觀念自身的組成部分。」[28] 這清楚地表明，一方
面，羅爾斯建構公共理性的嘗試是為了給立憲民主政治提
供一種新的解釋，表達了羅爾斯捍衛自由主義民主政治的
立場；另一方面，立憲民主政體按其本質內在地要求以一

28　John Rawls: Collected Papers, Samuel Freeman, ed Harvard University Press, 2001, P573

種公共理性的方式來思考和決定社會政治問題，用羅爾斯
自己的話來說就是：「公共理性是一個民主國家的基本特
徵。」[29] 我們也許會問，羅爾斯是根據什麼來斷定立憲民
主政體內在地要求建構一種公共理性並以此來指導人們對
政治問題的思考，而在非民主政體的政治國家中就不存在
建構公共理性的條件呢？這是一個關於公共理性建構的必
要性問題，不回答這個問題，羅爾斯建構公共理性的嘗試
就會成為無源之水。為了更好地說明這一問題，我們可以
先來看看羅爾斯在一般地談到行為主體的理性時，理性概
念是在一種什麼樣的意義上被應用的。羅爾斯指出：「政
治社會並且甚至是每一個理性的和合理的行動主體 ——
無論該行動主體是一個個體，還是一個家庭或聯合體，甚
至或者是政治社會的聯邦 —— 都具有一種制定其計劃的
方式，和將其目的進行排序並做出相應決定的方式。政治
社會的這種行動方式就是它的理性；雖然在一種不同的意
義上，政治社會進行這種行為的能力也是它的理性，它是
一種根源於其成員能力的理智慧力和道德能力。」[30] 從羅
爾斯對理性概念的這種界定我們可以看到，政治社會的理
性指的就是它作為一種行為主體的行動方式，更確切地

29　John Rawls: Political Liberalism, Columbia University Press, 1996, P213
30　John Rawls: Political Liberalism, Columbia University Press, 1993, P212-
　　213

說，它指的是政治社會中政治權力的運用方式。政治社會
在體制特徵方面的差異就表現在其政治權力運用方式的不
同。當羅爾斯說立憲民主政體內在地要求建構一種公共理
性的時候，他的意思也就是說，在立憲民主體制的政治國
家中政治權力的運用必須按照公共理性的方式來進行。羅
爾斯主要從兩個方面來說明建構公共理性的必要性。其
一，在民主社會中，政治權力是一種強制性的權力，但它
同時也是一種公共權力，也就是說，它是作為集體性實體
的自由而平等的公民的權力。政治權力的公共性質客觀上
要求政治權力的運用必須在一種滿足公共性條件的原則和
規範的指導下進行。其二，在現代民主社會中存在著理性
多元論這一基本的事實，不同的公民擁有相互衝突但又是
合理的宗教、道德和哲學觀念，在這一現實條件下，公民
們為了在政治生活中實現相互理解並達成一致，政治權力
的運用就不能建立在任何一種特殊的宗教、道德和哲學觀
念的基礎之上。因此，這也要求建構一種能夠理性地期待
所有公民認可的政治原則和規範來指導政治權力的運用和
公民的政治思考。

　　從以上簡單的論述中我們可以看到，公共理性的觀念
在羅爾斯所指稱的意義上屬於一種政治觀念，更確切地說
公共理性的觀念屬於立憲民主社會的政治觀念。羅爾斯當

然承認，在不同的民主社會中存在著互不相同的傳統、風俗和習慣，但是只要一個社會還能稱得上是一個名符其實的民主社會，那麼政治權力的運用就必須滿足體現著民主社會之內在本質的規範和原則。換個說法也一樣，那就是民主社會中的政治關係——民主政府與其所屬的公民之間的關係以及公民與公民之間的相互關係——必須按照某種公共的政治觀念來調整和規範，具體表現為公民在公開的政治活動中必須根據公共的政治觀念所體現的政治價值來進行政治思考和政治推理。

　　因此，對於正確地理解和把握羅爾斯的公共理性思想來說，首先要明確的一點就是，公共理性的觀念屬於政治觀念的範疇，更準確地說，公共理性屬於民主政治的一種構成性範疇。在羅爾斯看來，建構一種公共理性的觀念就是要把反映和體現民主政治之本質和要求的價值作為處理民主社會內部公民與政府之間以及公民與公民之間關係的一種原則和依據。正是在這個意義上，我們可以說，羅爾斯建構公共理性的努力集中地體現出羅爾斯政治哲學在前後期不同立場上的一種轉換，在其理論創作的後期階段，羅爾斯放棄了建立一種普世性的、完整的正義理論的企圖，而是著眼於為民主政治提供一種適當的政治正義觀念。按照羅爾斯對於民主政治的理解，他把民主社會看作

是擁有自由和平等身分的公民們之間的社會合作體系。建構公共理性的意義就是為了解決如何合理地確定公平的社會合作項目以及如何合理地解決社會合作過程當中出現的問題。因此，在羅爾斯所理解和闡釋的公共理性框架內，公共理性的觀念是作為民主觀念的一個構成性部分而發揮作用的。換言之，任何與民主觀念相悖的政治觀念在羅爾斯看來都不可能是一種公共理性的觀念，正如羅爾斯所指出的那樣：「那些反對憲政民主及其互惠準則的人，當然會反對這種公共理性觀念。對於他們而言，政治關係可能就是朋友或者敵人之間的關係，即那些屬於特定宗教社區或世俗社區的人與那些不屬於這些社區的人之間的關係；或者，政治關係可能是一種為全部真理去贏得整個世界的嚴酷鬥爭。政治自由主義與這種思路無涉。熱衷於囊括全部政治真理的觀念，同應該屬於民主公民資格的公共理性觀念是格格不入的。」[31] 羅爾斯之所以把自己後期所闡述的正義理論歸結為一種政治自由主義，其最根本的理論旨趣當然是著眼於建構和尋求一種政治的正義觀念，從而為民主社會公民之間的政治一致提供一種公共的基礎。具體的做法是，首先在正義觀念的應用範圍方面做出一定的限制，即僅僅把正義觀念的應用範圍限制在政治領域，在羅

31　哈佛燕京學社、三聯書店主編：《公共理性與現代學術》，三聯書店，2000年，第 2 頁。

爾斯所指稱的意義上，政治領域具體指涉民主社會中公共
權力的作用範圍，也就是說，只要在涉及公共權力運用的
場合，就必須考慮這種運用能否得到共享的政治觀念所體
現的政治價值的支持；其次在如何以一種恰當的方式來建
構和闡述政治正義觀念的內容時，羅爾斯強調必須從民主
社會中的公共政治文化出發，而不是以民主社會中的背景
文化為基礎引申出政治正義觀念的內容，用羅爾斯的話
來說就是，政治正義觀念是作為一種獨立的觀點得到表
現的。

　　由於公共理性的內容是透過一系列的政治正義觀念而
得到界定的，並且政治正義觀念的內容又是在民主社會內
公共政治文化的基礎上被建構起來的，因此，我們有必要
對羅爾斯在民主社會中公共政治文化與背景文化之間所做
出的區分進行簡要的說明，這樣有助於我們更清晰地了解
羅爾斯是在何種意義上把政治正義觀念當作一種獨立的觀
念的。在羅爾斯看來，所謂公共政治文化就是由民主政體
的各種制度及其解釋的公共傳統以及作為共同知識的歷史
文獻所構成的，更確切地說，公共政治文化具體表現為民
主思想和民主實踐中所體現的各種各樣的自由觀念和平等
觀念。背景文化指的則是存在於民主社會內部的各種組織
和聯合體的文化，當然也包括作為個體的人所堅持和信奉

的理想、價值和信念。按照羅爾斯的看法，民主社會內部
存在的各種各樣的背景文化或多或少都具有一定程度的完
備性，說某種文化、思想和觀念具有完備性的特點，也就
是說堅持和信奉某種文化、思想和觀念的個人和聯合體
都會從反映和體現在這種文化、思想和觀念當中所包含的
視角去分析和理解出現在自己生活世界中的一切問題。很
顯然，背景文化中的個人和聯合體同樣會從某種特定的視
角來理解和說明政治問題，並且因此而形成相應的政治觀
念。這種情況使得羅爾斯在確定建構政治正義觀念的方式
時面臨著一個如何選擇出發點的問題，即政治正義觀念的
建構究竟應該從公共政治文化中所包含的政治觀念開始，
還是從背景文化的基礎上所形成的政治觀念開始。這是一
個需要認真對待的問題，因為不同的出發點將決定著不同
的理論建構。羅爾斯從尋求建立民主社會公民間共享的政
治理性這一理論旨趣著眼，認為一種恰當的政治正義觀念
必須從公共政治文化中蘊含的政治觀念開始，只有這樣才
有可能建立起一種為信奉不同完備性價值、觀念和學說的
公民所認可的政治正義觀念。

第二節　公共理性的內在結構

　　透過對公共理性在民主政治中的地位及其發揮作用的

方式的說明，我們已經知道公共理性並不僅僅指的是政治社會和作為其成員的個體所具有的一種能力，更重要的，公共理性作為一種規範和調節民主社會內部公民間政治關係的原則和準則，它有著自己特定的內容，正是這些內容所體現的價值和原則使得公共理性能夠成為檢驗和判斷政治權力的運用是否具有正當性與合理性的基礎和標準。正如羅爾斯指出的那樣：「公共理性的觀念在最深的層面上具體地規定基本的道德與政治價值，這些價值用以決定憲政民主制政府與其公民之間的關係，並決定公民與公民之間的相互關係。」[32] 相應的，這就要求公共理性觀念本身內在地具有某種特定的結構，正是這種結構具體地規定著公共理性在現實的政治實踐活動當中的運用方式和限度。

　　就羅爾斯自己對公共理性的解釋來看，公共理性的觀念在其結構上主要涉及五個方面的內容。首先要確定的一個問題就是關於公共理性的適用範圍和領域，對於公共理性的適用主題和應用範圍，從最一般的意義上講，只要是涉及民主社會中公共善問題的討論，都必須受到公共理性的引導和限制。就其實質而言，這是民主社會本身所具有的民主性本質所要求的。否則，一個政治社會就不可能具有民主的品格，因而也談不上公共理性的建構和應用。在

32　John Rawls: Political Liberalism, Columbia University Press, 2001, P574

歷史上出現的專制政體和貴族政體中，對公共善的考慮是從統治者的角度出發的。毫無疑問，專制體制或者貴族體制下的統治者在考慮社會善的時候，並不能完全排除出現與被統治群體的利益恰好一致的情形，但即便出現了這種情況，也不能說明公共理性在專制政體或者貴族政體考慮社會善時發揮著某種作用。按照我的理解，羅爾斯所闡述的公共理性體現的是民主政治的一種自我理解，也就是說，是民主政治本身透過公共理性的建構這一方式達到的一種自覺。在這種意義上，羅爾斯所提出的公共理性觀念很類似於黑格爾對理性的理解，因為在黑格爾看來，理性要成為現實的理性就必須經過一種反思的活動達到一種自我意識的存在。在說明事物的自我意識存在的重要性的時候，黑格爾用了一個生動的比喻非常形象地表明這樣的意思：「誠然，胎兒自在地是人，但並非自為地是人；只有作為有教養的理性，它才是自為的人，而有教養的理性使自己成為自己自在的那個東西。這才是理性的現實。」[33]同樣，對於民主政治而言也有一個如何達到對自身的理解和自我意識的過程，在我看來這正是羅爾斯提出並闡釋公共理性的意義和價值之所在。當然，民主政治的這種自我理解最終要落實到作為民主社會之構成成員的個體身上，

33　黑格爾：《精神現象學》（上卷），賀麟、王玖興譯，商務印書館，1997 年，第 13 頁。

具體表現為個體所擁有的一種民主的精神氣質和生活作風。也正是在這樣一種意義上，羅爾斯把公共理性看作是民主社會中自由和平等的公民的理性，它要求公民在介入公共善問題的討論時要遵循公共理性的限制。

在明確了公共理性的運用範圍和領域之後，緊接而來的一個問題就是公共理性的適用主體，如何確定它所適用的人員，構成公共理性內在結構的第二個層面的內容。我們已經提到過，從最一般的意義上講，公共理性適用於存在於民主社會內部的所有成員，只要公民介入公共善問題的討論和爭辯，就必須受到公共理性的引導和限制。但是，眾所周知，在任何一種類型的社會，尤其是在現代民主社會，對於一個普通公民來說，政治生活並不構成其生活的全部內容，在大部分時間當中，他們把主要精力用在自己所從事的職業上。把自己的時間和精力都用在政治活動上的只能是那些以政治作為職業的政治活動家。因此，羅爾斯在說明公共理性的適用主體時，反覆強調公共理性觀念只適用於公共政治論壇中出現的主體及其所使用的話語。按照羅爾斯的界定，他所指稱的公共政治論壇主要由三個部分構成：「法官在做決定時所使用的話語，這裡的法官尤指最高法院的法官；政府官員的話語，這裡的官員尤指主要行政長官和立法者；最後是公共機關的候選人及

其競選管理者的話語，這裡尤指他們在對公眾演講時、在政黨舞台上和在政治聲明中所使用的話語。」[34] 羅爾斯對公共理性的適用主體所作的表述與公共理性是公民的理性這一說法並不矛盾，事實上這更進一步地強化了羅爾斯在公共政治文化與民主社會中存在的背景文化兩者之間所做的區分，表明公共理性只是在公共政治文化基礎上的一種建構，並且只要求它在公共政治文化領域發生作用。民主社會內部存在眾多的組織和聯合體，這些組織和聯合體所堅持和信奉的文化、價值和信念構成羅爾斯所說的背景文化，在這種背景文化內部並不要求按照公共理性的要求來進行相互之間的交流和討論。正如羅爾斯所指出的那樣：「民主社會文化中存在眾多的機構和多樣化的社會團體，這些組織與組織的內部生活都在法律框架內活動，以此來保證人所共知的思想自由和言論自由以及結社自由權利。」[35]

公共理性觀念的內在結構所包含的第三個層次的內容是關於公共理性觀念的內容，更確切地說，這主要涉及公共理性觀念是由一些什麼樣的原則和價值構成。一種公共理性只有具備了包括這些原則和價值在內的實質性內容，

---

34 哈佛燕京學社、三聯書店主編：《公共理性與現代學術》，三聯書店，2000 年，第 3 頁。
35 哈佛燕京學社、三聯書店主編：《公共理性與現代學術》，三聯書店，2000 年，第 4 頁。

才能在現實的政治實踐中發揮其規範和調整的功能，因為
一個不具有任何內容、空洞無物的東西不可能對現實生活
發生作用。那麼，公共理性觀念的內容是透過一種什麼樣
的方式被確立起來的呢？按照羅爾斯的說法，公共理性
觀念的內容是由關於正義的一系列合理的政治觀念所賦予
的。要理解羅爾斯在這裡所說的意思，首先要明確的一點
就是羅爾斯建構公共理性的出發點。根據羅爾斯對公共理
性所做的解釋，提出並闡釋公共理性觀念的目的在於按照
內在於民主社會之本質性的特徵對存在於民主社會內部的
政治關係進行一種新的理解和說明。在一般地說明公共理
性觀念如何被賦予某種特定的內容之前，我們有必要就羅
爾斯對存在於民主社會內部之政治關係的特徵做一初步的
了解。正如羅爾斯反覆強調的那樣，民主體制內存在的政
治關係具有兩個突出的特徵：「首先，它是公民們在基本
社會結構當中的關係，這種結構對我們來說只能是生而入
其內和死而出其外的一種結構。其次，它是自由和平等的
公民們之間的關係，而自由和平等的公民是作為集合體實
施根本的政治權力的。」[36] 正是因為民主社會中的政治關
係具有這兩個基本特徵，隨之而來需要認真考慮和解決的
問題就是，在現實的政治生活中遵循一種什麼樣的原則和

36　John Rawls: Political Liberalism, Columbia University Press, 2001, P577

觀念才能充分體現和滿足內在於民主社會中的政治關係所提出的根本要求。或者換一種說法，什麼樣的政治理性才能為公民們相互之間的政治認同提供一個恰當的基礎。羅爾斯認為，由於在現代民主社會中不同的公民擁有互不相同、甚至相互衝突的對於何種生活具有價值的觀念，並且通常的情況是，不同的關於何種生活具有價值的觀念都具有某種程度的合理性，各種互不相同的價值觀念的存在不是人類現實生活的一種值得譴責的不幸，相反，這種狀態是人類理性能力在自由體制下正常發展的一種必然結果。當代英國著名政治哲學家約翰·格雷雖然在很多方面對羅爾斯的理論提出了批評，但是，他們對存在於人類生活中的價值觀念的多樣性的看法基本上是一致的。正如約翰·格雷所指出的那樣：「人類的善表現在各種彼此競爭的生活方式中。這不再只是道德哲學的一種斷言。這是倫理生活的一個事實。如今我們知道，人類以各種相互衝突的方式成長，這並非出自一個理想觀察者之超然立場的看法，而是一種共同的經驗。由於移民和交往已將過去那些特異與分隔的生活方式融會起來，價值觀念的競爭已然成為我們共同的狀態。對我們來說，多元主義是一種歷史命運。」[37]因此，在羅爾斯看來，公民們之間政治認同的基礎不可能

37　約翰·格雷：《自由主義的兩張面孔》，顧愛彬、李瑞華譯，江蘇人民出版社，2000 年，第 35 頁。

建立在某個公民或由公民組成的聯合體所堅持和信奉的價
值觀念上面，因為這種做法其實是依靠具有強制性的國家
權力把某種價值觀念強加到不信奉這種價值觀念的公民身
上。但是，這是任何具有自由和平等身分的公民都可能會
提出來的要求，其結果只能是堅持和信奉不同價值觀念之
間的公民或由公民組成的聯合體為獲取政治權力而進行鬥
爭，並進而在公民之間滋生出不滿、猜忌和敵意，嚴重的
時候甚至直接導致政治關係的破裂。羅爾斯對這一點有著
深刻而又明確的認識，他指出：「由於許多學說都被看作
是合乎理性的，所以當根本政治問題發生危機時，那些堅
持認為自己所採取的學說是真實的而別人所採取的學說卻
是不真實的人，在別人看來就只是在他們擁有政治權力時
堅持自己的信仰而已。當然，那些堅持自己信仰的人也堅
持認為只有他們的信仰才是真實的：他們之所以要強加他
們的信仰，是因為他們以為他們的信仰是真實的，而不是
因為這些信仰是他們的信仰。但這是一種所有平等的人都
可能會提出的要求，也是任何一個人都無法對一般公民正
當提出的一種要求。」[38] 從為民主社會中公民之間的政治
認同尋求一個恰當的基礎這個角度來說，如果公民在政治
生活中，或者用羅爾斯的術語來說就是在公共政治論域中

38　John Rawls: Political Liberalism, Columbia University Press, 1996, P61

是從自己所堅持和信奉的關於善生活的價值觀念提出並論證自己的政治主張的時候，在某種程度上表明擁有這種立場的公民沒有充分地考慮和認真地對待其他公民可能具有的不同的關於何種生活是有價值的觀念。換言之，他沒有把其他的公民看作是具有自由和平等的政治地位的公民。然而，這與民主社會的本質性要求是相互矛盾的，將其他公民視為處於較低的政治地位，或者是將其他公民看作一種被支配、被操縱的對象，這與民主精神的本質性要求是格格不入的。因此，羅爾斯認為，一種恰當的政治認同的基礎必須是在獨立於民主社會中公民所持有的關於善生活的價值觀念前提下被制定出來，這種被獨立地建構起來的用來處理和調節公民之間政治關係的政治觀念才能滿足民主性的政治關係之內在本質所提出的根本要求。作為調整和規範民主社會中公民之間政治關係的公共理性的實質性內容，就是由這種被獨立地建構起來的關於正義的合理的政治觀念賦予的。

　　公共理性觀念之內在結構的第四個層次的內容涉及的是公共理性所承載的政治觀念在討論和制定強制性規範過程中的具體應用。考察公共理性在現實的政治生活中的具體應用，其目的是為了說明運用政治權力所做出的政治決定和政治規範在什麼樣的條件下才具有正當性和合法性，

以及說明公民在公共的政治生活當中以什麼樣的方式展開
政治行動才能體現出對公共理性的尊重和服從。在這個問
題上，羅爾斯提到了兩個非常重要的概念，一個是公民性
責任（duty of civility），另一個是建立在相互性準則上的
政治合法性概念。這兩個概念在本質上具有相同的意義，
它們都是體現和反映著公共理性觀念的根本要求，只是在
各自所強調的不同層次上有所區別。按照羅爾斯的理解，
公民性責任不同於政治法律規範中明確規定的要求公民履
行和承擔的法律責任。相反，它是對具有公民人格的主
體所提出的一種道德上的要求。因為在民主社會的政治生
活中，通常的情況是公民並不對具體的政治法律規範進行
投票表決，而僅僅是對法律規範的制定者進行投票表決。
然而，不論是政府官員還是普通公民，只要參與到公共的
政治生活當中就必須受到公共理性的限制。公民在政治生
活中出於公共理性的動機並按照公共理性去行動，就是要
求公民互相把對方看作是具有自由和平等的政治地位的公
民，其具體的表現形式是，當任何一個公民提出並論證自
己的政治主張時應當從有關正義的合理的政治概念出發，
而不是從自己所堅持和信奉的道德價值觀念出發來解釋和
說明自己的政治行動。之所以說公民性責任是一種道德責
任，而不是一種法律責任，其原因就在於它所要求和體現

的是公民自身應該具備的一種民主精神和民主氣質。其
實，民主政治的存在和健康發展，不僅需要來自制度方面
的保障，更需要具備民主精神、民主氣質和民主性情的
人，羅爾斯自己對這一問題同樣有著深刻的認識，正如他
所指出的那樣，當民主社會中的公民所具有的民主氣質和
性情「趨於穩定之後，它就成為民主的政治和社會根源之
一，而且對於持續強化和保持活力的民主政治是至關重要
的」[39]。這也許就是羅爾斯強調尋求一種恰當的公共理性
觀念是各個民主社會所共同面臨的關懷這一主張時的真正
原因之所在。建立在相互性準則基礎之上的政治合法性這
一概念為的是說明政治權力的運用如何才具有正當性和合
法性這一問題。雖然，就民主政體自身所具有的內在規定
性而言，政治權力的實施主體是生活在該民主體制下的所
有公民，但在現實的政治生活中，尤其是在現代民主政治
體制中，政治權力的運用主要還是掌握在政府官員手中。
同時，我們也知道政治權力的運用在實際的政治生活中是
以法律和公共政策的形式表現出來的，因此，政治權力的
運用這一行動的合法性與正當性最終透過作為這一行動結
果的公共政策和法律本身的合法性與正當性得到具體的體
現。於是，在現代民主政治中政治合法性透過兩種不同類

39　哈佛燕京學社、三聯書店主編：《公共理性與現代學術》，三聯書店，2000年，
　　第5頁。

型的政治行為實現對公共理性的尊重和遵從，對政府官員而言，當政府官員相信自己是按照公共理性去行動，並且是根據可以合理地期待其他公民認可的關於正義的政治概念來解釋自己的政治行動時，就實現了對公共理性的遵從；對於普通公民而言，當公民把自己想像為立法者，並且問自己什麼樣的法律能夠得到公共理性的支持，進而在自己投票選舉政府官員的時候拒絕接受那些踐踏公共理性的政府官員和公共職位候選者的時候，也就表明自己在公共的政治生活中滿足了公共理性的要求。正如建立在相互性準則基礎上的政治合法性概念這個名稱所顯示出來的那樣，衡量政治行動是否具有正當性與合法性的標準就在於這種政治行動是否滿足了相互性這樣一種要求。

　　公共理性觀念在其結構方面的最後一個層面的內容是公民克制（citizens checking）。羅爾斯提出並闡述公共理性的理論目的在於為現代民主社會中公民的政治認同尋求一種恰當的基礎，這種基礎不可能建立在關於善生活的某種特定的價值觀念之上，因為現代民主社會存在著各式各樣的關於善生活的相互衝突、甚至互不相融的價值觀念。同時，民主政治的內在本性要求公民相互之間承認對方具有自由和平等的政治地位，並且在某種意義上，把其他公民看作和自己一樣擁有自由和平等的政治地位的公民在現實

的社會生活就具體地表現為對其他公民所堅持和信奉的、不同於自己的價值觀念的理解和尊重。並且，根據羅爾斯對公共理性所做的闡述，尋求一種公共理性觀念並不是為了解決存在於民主社會公民之間的一切問題，相反，它僅僅著眼於應當如何對待和理解公民之間的政治關係，才能使政治關係體現和反映出民主政治之內在本質的要求。在民主社會的政治生活當中，公民自制要求每一個公民都從相互性的視角出發來進行自己的政治行動，而不是僅僅從自己所堅信的學說和觀念出發為自己所進行的政治活動提供正當性的論證。換言之，公民在政治活動當中所進行的解釋和推理必須由滿足相互性準則的關於正義的政治概念來加以有效的規導。羅爾斯有時把按照公共理性觀念引導公民之間的公共討論和公共協商的民主政治形式稱為協商民主（deliberative democracy），而公民自制則為協商民主中公民之間展開健康有序的公共協商對公民自身所提出的要求。在現實的政治生活中，公民自制主要透過以下兩種方式體現出來：參與到公共政治生活當中的公民在對其他公民說明和解釋自己的政治主張、觀點和態度時並不是從自己所信奉的價值觀念出發，而是從一種可以合理地期待其他公民也會認可的視角來為自己的政治行動提供正當性證明。換句話說，沒有任何公民可以合理地要求將自己

所堅持和信奉的學說作為公共的政治生活中所有公民都應當遵守的普遍性規範，因為正如我們已經指出過的那樣，這是任何公民都可以有權利提出的要求，但這種做法所帶來的結果只能是公民之間的相互猜忌和懷疑，此其一。其二，公民自制也表現在對透過多數人同意的法律和公共政策的遵從和擁護，這種要求的合理性在於公民們在政治生活中即便是在公共理性的引導下經過充分地討論和爭辯也並不總是能夠對某一問題達成全體一致的判斷。同時，公民所深信的學說在現實生活進程中可能遭遇命運的變化，以及由某種學說所具體界定的利益都只有在公共理性的引導下才能被提升到政治訴求的高度，內在於公共理性當中的公民自制排除了任何公民或者由具有相同信念的公民構成的聯合體透過訴諸國家權力來建立自身的霸權利益的合法性和正當性。

▎第三節　公共理性的特徵

　　透過以上對羅爾斯關於公共理性的思想所做的分析，我們已經清楚地認識到，公共理性是民主社會中的公民在公共的政治活動當中用以引導和調整相互之間的政治關係的原則和規範，這種原則和規範的具體內容是以一種獨立於公民所堅持和信奉的關於善生活的價值和觀念的方式被

建構起來的。按照羅爾斯對公共理性的理解，公共理性觀念是民主觀念的一個構成部分，公民在現實的政治生活中遵循公共理性的要求進行政治行動對於民主政治自身的健康發展和生機活力具有至關重要的意義。衡量公共理性是否真正地體現在公民的政治行動當中，關鍵的一點就在於公民的政治行動所依據的條件是否能夠滿足相互性準則。公共理性觀念本身所指向的是一種公共的社會世界，更準確地說，是一種具有自由和平等身分的公民構成的公共的社會世界，儘管不同的個體之間存在著各種各樣的差異，但是，只要一個人參與到公共世界當中就必須受到公共理性的制約和規範，也就是說必須從一種相互性的視角出發參與公民們圍繞著公共事務展開的公共討論中並做出自己的政治判斷。由此可見，公共理性和公共世界兩者之間是一種共生關係，沒有公共理性的建立和支撐，公共世界將喪失其所具有的內在價值，失去其促進個人自我實現和自我解放的崇高使命，並且最終蛻變為人與人之間為爭奪利益和權力而進行殘酷鬥爭的場所，這其實就是近代自然法學者用自然狀態這一術語所指稱的人類生存狀況，其中沒有任何公共的規範和準則，有的只是個人私下的陰謀和算計。同樣，如果沒有一個確定的公共世界，沒有人與人之間的一種正常和有序的交往，公共理性必將因喪失其發

揮作用的空間而淪落為一種毫無價值和意義的事物，其情形恰如在一個沒有絲毫正義存在的世界上依照正義原則行事的人注定走向自我毀滅一樣。對於公共理性與公共世界二者之間的共生關係，羅爾斯自己也有過明確的表述：「就我們是理性的而言，我們才願意為公共的社會世界設計出一種框架，如果其他的人能夠被相信具有建立一種公共社會世界的意願，那麼，期待每一個人都承認並按照既定的框架行動就是理性之舉。如果我們不能信賴他們，那麼按照那種框架行動可能就是非理性的，或者是自我犧牲的行為。沒有一個被建立起來的公共，理性就會成為空中樓閣，而我們就可能在很大程度上訴諸於合理性，儘管理性總是約束著霍布斯所說的人對人像狼對狼一樣相互刺殺的現象。」[40] 公共理性內在地指向某種共同的生活世界，這一點清楚地揭示出公共理性所具有的一個根本特徵，即公共理性是在一種公共的社會世界當中共同生活的成員所具有的一種理性。在此需要指出的一點是，當我們在這裡說公共理性是共同體的成員所具有的理性的時候，和我們在前面已經說過的公共理性是公共體所擁有的理性並沒有什麼不一致的地方，其原因就在於共同體身上所體現的原則、價值和觀念最終要透過作為其成員的個體才能在現實

40　John Rawls: Political Liberalism, Columbia University Press, 1996, P53-54

的生活中表現出來。公共理性的這一特徵同時還表明，共同體自身內在地具有一種獨立的價值，而不僅僅是單個的人實現自己的目的和利益的一種手段和工具。相反，參與到公共生活當中才能真正實現作為理性存在者的人的尊嚴。理性毫無疑問帶給了人類巨大的力量，但是對於人類來說，理性不是並且也不應該只是人類用來為自己謀求幸福的一種工具，因為理性之於人類如果真的像本能之於其它動物那樣，人類就完全被降低到動物的水準，那麼，擁有理性對於人類來說就根本不是什麼值得驕傲的事情，人類生活也將失去任何值得稱道的尊嚴和價值，成為大自然自身所造成的一種真正的不幸。正如康德在《實踐理性批判》中所說的那樣：「人就他屬於感官世界而言是一個有需求的存在者，在這個範圍內，他的理性當然有一個不可拒絕的感性方面的任務，要照顧到自己的利益，並給自己制定哪怕是關於此生的幸福、並盡可能也是關於來生的幸福的實踐準則。但人畢竟不那麼完全是動物，面對理性為自己本身所說的一切無動於衷，並將理性只是用作滿足自己作為感性存在者的需要的工具。因為如果理性只應當為了那本能在動物身上所做到的事情而為他服務的話，那麼他具有理性就根本沒有將他在價值方面提高到超出單純動物之上；這樣的理性就會只是自然用來裝備人以達到它給

動物所規定的同一個目的的一種特殊的方式，而並不會給他規定一個更高的目的。」[41]

　　我們已經指出過，公共理性所承載的原則和價值不是透過某個單一的政治概念而獲得的，而是由一系列關於正義的政治概念所賦予的。然而同樣清楚的是，並非所有的政治概念都屬於自由主義的族類，還有許多政治概念，比如像專制、獨裁、寡頭和貴族制之類就都屬於非自由的政治概念。但是，在羅爾斯看來，尋求和建構一種公共理性乃是要為現代民主社會中公民之間的政治認同提供一種恰當的基礎，很顯然，羅爾斯的整個理論建構都是基於對現代立憲民主政治的承認之上的，或者說，羅爾斯政治理論的目的就是要維護和捍衛現代民主政治。因此，當羅爾斯說公共理性的內涵是由一系列的關於正義的政治概念來加以規定的時候，這裡所說的政治概念所指稱的都是適合於現代立憲民主政體的自由主義的政治概念，用羅爾斯自己的話來說就是「合理的政治概念」。那麼，究竟什麼樣的政治概念才是合理的政治概念呢？在羅爾斯看來，合理的政治概念必須具備三個基本的特徵：「第一，一系列特定的基本權利、自由和機會（這些就是人們所熟知的那些源自憲政的東西）；第二，對關於這些權利、自由和機會方

41　康德：《實踐理性批判》，鄧曉芒譯，人民出版社，2003 年，第 84 頁。

面特別優先權的一種分配方案，尤其是涉及普遍的善與至
善價值方面的權利說明；以及第三，各種確保所有公民有
充分通達的手段去有效行使他們自由權利的措施。」[42] 從
羅爾斯對合理的政治概念所做的說明中我們可以看到，合
理的政治概念其實就是在自由主義的政治思想和政治實踐
中形成和發展起來的一系列政治觀念，其中涉及的最為基
本的觀念是有關自由、平等和權利的政治觀念以及透過一
種適當的制度框架和社會合作來實現基本的自由、平等和
權利的方式。正是因為公共理性的內涵是透過一系列關於
正義的合理的政治概念獲得其規定性的，同時，由於不同
的人們根據其自身所面臨的生存條件會以不同的方式來解
釋基本的自由、平等和權利，並且在如何設計某種制度以
實現這些基本的自由、平等和權利的方式上也會有所不
同，這就引出了公共理性所具有的第二個基本的特徵，即
公共理性在其表現形式上不是單一的，而是多種的。羅爾
斯同時強調，不論公共理性具有多少種不同的表現形式，
有一點是相同的，那就是任何一種公共理性的表現形式都
必須受到相互性準則的限制。或者說，公共理性的任何一
種表現形式都必須體現相互性準則的要求，生活在一個共
同體當中的公民必須互相把對方視為具有自由和平等的政

42　哈佛燕京學社、三聯書店主編：《公共理性與現代學術》，三聯書店，2000 年，
　　第 10-11 頁。

治地位的主體，而不是將對方看作是被操縱、控制和利用的對象並由此達到自己特殊目的的手段。按照羅爾斯對公共理性所具有的限制性特徵即相互性準則的理解，參與到公共的政治生活當中的公民不能從個體意志所體現的視角來提出並論證共同體所有成員都必須遵守的原則和規範，因為這樣一種行為方式無法滿足公共性的要求。或者用羅爾斯的話來說，就是在一個公共的社會世界中相互交往、共同行動的公民不僅僅是具有合理性的行動者，而且更重要的還是理性的行動者。在僅僅按照合理性要求行動的公民看來，其他的公民只有在作為實現其特殊的目標和利益的有效手段時，才被看作是一種有價值的存在對象，甚至共同體的存在對於只具有合理性的行動者來說也僅僅具有外在的、工具性的價值，在他們的眼中，根本沒有任何把其他公民擁有自由和平等的政治地位和人格尊嚴的主體來對待的意願。這樣的行動者在他們身陷厄運、困境、痛苦和不幸的境地時，他們根本沒有對社會的非正義提出抱怨的資格，他們所能做的至多就是哀嘆命運的不公和變幻不定，因為對僅僅具有合理性的行動者來說，並沒有什麼關於社會正義與否的問題，他們是把自身所處的那個世界看作服從「叢林法則」的生活場所。羅爾斯在後期面對多元主義的社會現實，面對現代民主體制下的公民因堅持和信

奉相互衝突甚至互不相融的全面性學說而深陷分裂狀態的
歷史事實，他試圖透過闡述一種公共理性的觀念為現代立
憲民主社會中公民的團結和友誼尋求一種適合的基礎和立
足點，並且特別強調了公共理性的內在本質所要求的相互
性準則這一限制性特徵的重要性和地位。具體而言，羅爾
斯自己建構並闡釋的「作為公平的正義」理論就是尋求建
立一種公共理性的嘗試。當然，他同時也承認並指出，
「作為公平的正義」並不是也不應該是公共理性的固定的
和唯一的形式，「無論『作為公平的正義』有多少長處，
它都只能是多種公共理性形式當中的一種。這些公共理性
形式的限制性特徵是相互性準則」[43]。

　　公共理性的最後一個值得注意的特徵在於它並不適用
於作為個體的公民對政治問題所作的個人性反思。在後
期，羅爾斯放棄了正義原則的普遍性主張，把對正義問題
的探討限制在政治領域（domain of the political）的範圍之
內，並且以一種獨立於廣泛存在於現代民主社會當中的完
備性學說的方式建構出一種政治正義觀念，並以此來規
範和調整公民們相互之間所進行的政治交往行動。因此，
政治正義觀念成為公共理性所承載的實質性的內容，這就
表明公共理性是公民相互之間解釋和論證自己的政治行動

43　John Rawls: Collected Papers, edited by Samuel Freeman, Harvard
　　University Press, 2001, P581

合法性和正當性的公共基礎。或者說，公民在公開的政治活動當中承諾自己遵循公共理性的引導和限制，就是要求公民放棄以自我為中心的狹隘視角，並從一種共同的視角出發來為自己的政治行動提供正當性證明。嚴格說來，一種共同的視角只有在關注和考慮共同體所有成員的利益的時候才是可能形成的。用羅爾斯自己的話來說就是，公民為證明自己的行動所提供的理由是可以合理地期待其他同樣具有自由和平等的政治地位的公民能夠合理地接受的。在羅爾斯看來，這種理由只能由公共理性所體現的政治價值來提供。同時，由於公共理性的建構目的僅僅在於為民主社會中公民之間的政治認同尋求一種適當的基礎，並希望由此在公民之間建立起一種相互尊重和民主寬容的政治關係。按照羅爾斯的理解，公共理性絲毫沒有要為整個社會提供一個完美的生活方式的野心，公民的自我理解和道德認同以及終極價值關懷只有在公民自己所堅持和信奉的完備性宗教、道德和哲學學說中才能獲得滿足。正是基於這些方面的原因，公共理性的限制性特徵對於公民私下對政治問題所做的個人性的思考和反思就沒有必要提出一種強制性的要求，羅爾斯認為強制性地要求公民對政治問題所做的個人性反思遵循公共理性的限制，這種做法與公民所具有的思想自由和良心自由是不能相融的。很明顯，公

民對政治問題的個人性反思屬於個人自我理解的範圍,從其自身所具有的生活信念中會產生出一種對於政治的理想觀念,在羅爾斯看來這並不是一種值得譴責的現象。相反,公民們可以在相互的交流和學習當中增長見識並有助於觀念上的創新,正如羅爾斯所說的那樣:「公民們對於那種最合適的政治觀念也會有不同的看法,這是不可避免的,而且也常常令人高興,因為公共政治文化必定導致某些可以用不同方式來加以發展的不同的根本性理念。它們之間長期存在有序競爭,乃是尋找哪一種理念最合乎理性 —— 如果有的話 —— 的最為可靠的方式。」[44]。

44　John Rawls: Political Liberalism, Columbia University Press, 1996, P227

第二章　羅爾斯的公共理性思想論綱

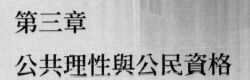

第三章

公共理性與公民資格

第三章　公共理性與公民資格

　　從我們對羅爾斯公共理性思想所做的概括性論述當中，我們已經清楚地知道，公共理性的建構是為了使民主社會中公民之間的政治關係真正體現民主政治之內在本質的要求，民主政治概念的基本規定性成為羅爾斯建構並闡述公共理性的出發點。換言之，公共理性的建構並不是一切從零開始，而是在一定的基礎上建立起來的。對於羅爾斯來說，這樣的基礎可以透過分析和說明公民資格及公民所具有的能力得到充分的揭示。同時，由於公共理性是民主社會中的公民所具有的理性，公共理性的理想能否在現實的政治實踐當中得到實現，或者說，公共理性所期待的一種在公民之間相互尊重和民主寬容的政治關係能否形成，最終要依賴於具有公民資格的政治社會成員能否理解和尊重公共理性並在公共的政治實踐當中遵循公共理性的限制。按照羅爾斯理論的內在結構，我們可以這樣來理解他建構公共理性的可能性和必要性，在現代民主社會當中的公民由於堅持和信奉相互衝突甚至互不相融的關於善生活的觀念，生活信念和價值觀念的多元主義這一歷史事實，使得公民的社會認同和政治認同不可能建立在任何一種僅僅為個別公民所信奉的世界觀之上，因此，這就使尋求和闡明一種獨立於公民個人所堅信的世界觀的政治觀念並以此為民主社會中公民之間的政治認同提供一種理性的

基礎成為必要；另一方面，如果從公民概念本身所具有的規定性出發來建構一種公共理性的觀念，那麼民主社會當中擁有公民資格的個體就能夠被合理地要求和期待理解、認同並接受以這種方式被獨立地建構起來的公共理性觀念。換言之，從對公民資格以及公民所具有的能力出發，為建構一種合理的公共理性觀念提供了可能。羅爾斯自己對於這一點也有過明確的表述，他指出：「公共理性觀念源自立憲民主政治當中的民主公民資格觀念。」[45]。

▎第一節　公民的道德能力

對公民的道德能力進行分析，其目的在於弄清楚公民的道德感受性具有什麼樣的特性以及形成機制，同時也是為了了解什麼樣的原則和觀念能夠為公民所理解和接受並在現實的社會生活實踐中加以具體的運用。也許人們會覺得奇怪，禁不住會問，羅爾斯不是想要闡明一種獨立的政治正義觀念嗎，並且還宣稱這樣一種被獨立建構起來的政治正義觀念是不依賴於公民個人所信奉的道德價值觀念的，怎麼在這裡又突然談論起公民所具有的道德能力來了呢？其實，這裡面並不存在什麼值得驚奇和令人感到困惑的東西，我們可以這樣來理解，公民持有什麼樣的道德價

45　John Rawls: Political Liberalism, Columbia University Press, 2001, P577

值觀念是一回事，而公民具有怎樣的道德能力則完全是另外一個不同的問題。反過來，這也可以說明為什麼具有同樣道德能力的公民在現實的社會生活當中卻持有不同的道德價值觀念。更重要的是，羅爾斯從一種實用主義的角度出發認為，如果一種原則和理想觀念根本不能為人們所理解和接受，那麼它就是毫無意義的。正如羅爾斯所指出的那樣：「我們無法隨心所欲地談論一切，因為一種解釋必須滿足政治生活的實際需要和關於它的合乎理性的思想。恰如任何其它的政治觀念一樣，由於它是實踐的，所以它的各種要求和公民理想就必須是人們能夠理解和運用的，也必須是人們有充分的動機激勵他們去尊重的要求和理想。」[46] 正是由於這個原因，羅爾斯對公民個人所具有的道德能力進行了考察，並以此作為尋求和建構一種適當的公共理性的基礎。

任何一個人在其成長的過程中，都會逐漸形成並接受某種特定的道德生活觀念，同時會根據這種觀念對出現在其生活世界當中的事物做出相應的價值評判，並由此形成什麼東西是有價值的和值得追求的看法。經常還會出現的一種情形是，一個人已經形成起來的道德生活觀念並不就是固定不變的，隨著生活環境的變化以及個人不斷的學習

46　John Rawls: Political Liberalism, Columbia University Press, 1996, P87

和反思，原來接受下來的觀念不可避免地會經歷某種程度
的改變，羅爾斯把這種形成、修正併合理追求某一決定性
的道德生活觀念的能力稱為善觀念能力（the capacity for a
conception of the good）。善觀念的能力是任何一個具有正
常理智的人都具備的一種基本的道德能力，缺乏和喪失這
種能力就無法形成一種關於什麼東西是有價值的觀念，因
此，也就根本實現不了對個體的生存意義來說至關重要的
自我理解活動。按照羅爾斯的理解，我們可以從兩個方面
來具體地規定善觀念能力。一方面，這種能力的發展和
實踐可以被看作是實現個人所追求的善事物的手段，這就
是當我們面臨某種已經確定的生活目標時，我們可以決定
和選擇最能實現自己目標的方式和手段。同時，作為一種
手段來理解的善觀念能力，還可以幫助我們對現有的生活
觀念進行適當的調整和修正以形成更為合理的道德生活觀
念，正如羅爾斯所指出的那樣：「在任何既定的時刻，這
種能力都服務於個人當時所認可的那種具有決定性意義的
善觀念。但我們切莫忽視這種能力在形成其他更為合理的
善觀念和修正現存善觀念的過程中所發揮的作用。」[47] 另
一方面，透過善觀念能力我們可以對自己所接受的道德價
值觀念和生活方式進行反思，進而認識到我們所接受的生

47　John Rawls: Political Liberalism, Columbia University Press, 1996, P314

活方式並不是從外面強加到我們身上的。相反，它是我們生活在世界上安身立命的根基。「我們可以認可一種我們受其培育和教養的宗教的、哲學的或道德的傳統，而到了理性健全的年紀，我們會發現，這種傳統乃是我們各種依附和忠誠的核心之所在。在此各情形下，我們所認可的乃是一種傳統，它將各種適應我們理性檢驗標準的理想和美德融合在一起，並滿足了我們最深刻的慾望和情感。」[48]以這種方式來理解的善觀念能力已經不僅僅是作為達到和實現個人決定性的道德生活價值的手段和工具，而且它本身就是個人決定性的道德生活價值的構成部分，它本身就是任何生命個體的自我理解活動。

　　如果說作為一種基本道德能力的善觀念能力是任何一個人賴以形成某種道德生活觀念並能夠決定實現既定生活方式的恰當手段，同時也是使得一個人的生命具有價值感和意義感的能力，那麼，任何一個想要參與到正常的社會交往關係中的人就必須具備另外一種基本的道德能力，這種能力使我們能夠理解和領會他人透過語言和行動表現出來的需要和意圖，否則我們將無法進入一種與他人正常交往的狀態，羅爾斯把這種基本的道德能力稱為正義感能力（the capacity for a sense of justice）。一個具有正義感的

48　John Rawls: Political Liberalism, Columbia University Press, 1996, P314

人是在社會交往活動當中能夠得到他人信賴和認可的人，每一個人都具有一種有效的正義感，這是社會穩定和正常有序的基礎。換言之，沒有社會成員之間的相互信賴和相互承認，社會的基礎將會是非常脆弱的，作為社會成員的個人同樣很難形成一種決定性的道德生活觀念。正如羅爾斯所指出的那樣：「很顯然，每一個人都具有一種有效的正義感，且每一個人作為一個充分參與合作的社會成員都是可以依賴的，這一公共知識是每一個人形成其善觀念的一種重要的有利條件。……透過一種有效的公共正義感而創造的穩定圖式，則是比一種需要有嚴屬而代價沉重的懲罰機制的圖式更好地達到這一目的的手段，尤其是當這種懲罰機制危及基本自由時就更是如此。」[49] 透過對人所具有的兩種道德能力的分析，我們可以這樣說，這兩種基本的道德能力涉及人類生活的兩個最基本方面，即人與自我的關係以及人與人之間的關係。這兩種道德能力的充分發展和實踐，不僅是任何一個人成為正常的和參與社會合作的成員的條件，而且是一個人實現自我發展和自我完善的條件。按照羅爾斯的說法，這兩種基本道德能力的充分發展和實踐是個人自尊的前提條件，然而，對於一個人來說自尊是使個體生命具有價值感和意義感成為可能的基礎，

49　John Rawls: Political Liberalism, Columbia University Press, 1996, P317

沒有了自尊，個體的生命將變得毫無意義。「自尊是以兩
種道德能力和一種有效的正義感的發展與實踐為先決前提
的。自尊的重要性在於，它提供了一種對我們自己之價值
的可靠感，一種對我們的決定性善觀念值得付諸實施的堅
定確信。如果沒有自尊，似乎任何行動都沒有價值。而且
倘若某些東西對我們有價值，我們也會缺少追求它們的
意願。」[50] 以上是羅爾斯對人所具有的兩種道德能力的說
明，充分、明智、有效地發展和實踐這兩種基本的道德能
力是任何人能夠參與到公共的社會交往活動當中並成功地
達到自我實現的條件。的確，人是孤零零地來到這個世界
上的，但無可置疑的是他不可能一直維持在這種狀態，人
總是在一個特定的共同體中成長和接受教育並由此形成某
種特定的道德生活觀念，按照馬克思的理解，十七、十八
世紀的社會政治思想家們所設想離群索居的、魯賓遜式的
孤獨個體是一種缺乏想像力的產物。然而，我們現在所面
臨的問題是公共理性的建構是以一種什麼樣的方式與這種
一般意義上的個人觀念連繫在一起的。正如我們已經指出
的那樣，根據羅爾斯的理解，在道德生活觀念多元化的前
提下要建構一種恰當的公共理性並以此作為公民個人政治
認同的基礎，就不能隨意地從某種特定的道德生活觀念出

50　John Rawls: Political Liberalism, Columbia University Press, 1996, P318

發。當然，這絲毫沒有否認個人所具有的兩種基本道德能力，更不是要將一種獨特的、不切實際的能力賦予人類。相反，公共理性的建構必須充分地考慮以一種什麼樣的方式才能更好地保障和促進個人所具有的兩種道德能力的發展和實踐。只有這樣，才能為民主社會中公民之間的政治認同提供一個恰當的基礎。正如羅爾斯所說的那樣：「個人觀念在一種政治的正義觀念中的作用，不同於其在一種個人理想或聯合體理想、抑或在一種宗教或道德生活方式中的作用。如果人們認識不到這些區分，民主政體中的寬容基礎和基於相互尊重的社會合作基礎就會發生危機。因為一旦出現這種情況，一旦這些理想和生活方式採取一種政治形式，合作的公平項目就會變得狹窄，具有不同善觀念的個人間的自由而志願的合作就會變得不可能。」[51] 從我們所引用的羅爾斯的這段文字中，我們可以清楚地看到，公共理性的恰當建構所依靠的不是一般意義上的個人觀念，而是需要一種政治意義上的個人觀念。接下來，我們轉向羅爾斯對政治的個人觀念所做的具體說明。

▌第二節　自由與平等

　　羅爾斯沒有隱瞞自己的理論立場，公開地把自己的理

51　John Rawls: Political Liberalism, Columbia University Press, 1996, P369

論構想看作是對自由主義的一種辯護。更準確地說，羅爾斯的理論意圖在於為使社會合作真正體現人的自由、平等和尊嚴提供一種適合的構想，而不是人們通常所說的只是侷限於對當代西方國家民主制度的一種辯護。就羅爾斯自己提出並詳細闡述的作為公平的正義這一公共理性的形式而言，他特別強調和論證的就是基本自由及其優先性這一主題。在談到基本自由圖式的時候，他說道：「這一圖式並非對任何實際政治過程的描述，更不是對人們如何才可以期待任何一種立憲政體發揮作用的描述。它屬於一種正義觀念；而且，儘管它與有關民主社會如何發揮作用的解釋有關係，但它不是這種解釋。」[52] 當然，在羅爾斯看來，這樣一種正義觀念只能是一種政治的正義觀念，它根本沒有要為生活在某一社會政治制度之下的個人提供一種理想的生活方式的意思，也沒有把這種正義觀念僅僅是當作一種純粹的思想遊戲。相反，它是共同生活在一起的人們必須面對和思考的一個現實的和實踐的課題。至於作為個體的人在生活方式的選擇和思想理論的創造方面的事情則完全是個人良心自由和思想自由的問題。用羅爾斯的話來說，道德價值觀念的多樣性以及理論形態的多樣性乃是人類社會生活的一個歷史事實，「在現代民主社會裡，這

52　John Rawls: Political Liberalism, Columbia University Press, 1996, P340

種多樣性的生活方式的存在被看作是一種正常狀態，只有
獨裁地使用國家權力才能消除這一狀態。因此，自由主義
把善觀念的多元性作為一種現代生活的事實接受下來，當
然，條件是這些觀念得尊重適當的正義原則所具體規定的
各種界限」[53]。

　　羅爾斯把自己的理論稱之為政治自由主義，並且反覆
強調它是政治的，而不是形而上學的完備性的自由主義學
說。他主張以一種獨立於所有完備性的道德、宗教和哲學
學說的方式表達並闡述一種政治的正義觀念。因此，羅爾
斯不可能以一種關於人的哲學學說來作為理論建構的人性
基礎，而是以一種自由和平等之公民的政治概念來代替作
為一種哲學學說的人性論。羅爾斯這種處理問題的方式引
起了人們廣泛的質疑和爭論，且不說沒有了一種形而上學
的立場，羅爾斯是否還能夠對自己的理論前提進行充分的
論證並保持整個理論體系的內在一致性，單單就他所說的
自由和平等之公民的政治概念這一替代性的說法而言，人
們就可以提出這樣的問題：出現在這一表達式中的自由和
平等這兩個核心概念如果沒有一種本體論上的闡釋和論
證，難道不會讓人覺得對這兩個概念的運用變得隨心所欲
和任意獨斷嗎？如果沒有對自由和平等概念之內在根據的

53　John Rawls: Political Liberalism, Columbia University Press, 1996, P303-
304

說明，那麼又有什麼理由來使用這兩個概念呢？為什麼不使用邪惡、懦弱、強力和奴役之類的概念呢？的確，羅爾斯是沒有對這些基礎性的問題進行說明和論證，這也恰恰是羅爾斯理論自身所具有的真正的侷限性和薄弱的環節。當然，我們可以站在同情之理解的立場來說明羅爾斯為什麼忽視對這類基礎性問題的探討。在羅爾斯看來，人類理智對於任何問題的哲學探討都是無休無止的，並且是充滿紛爭的，他之所以認為不依賴任何一種形而上學學說來建構一種政治的正義觀念，其重要原因在於，羅爾斯認為學說的創立以及不同學說之間的爭論完全是屬於個人所具有的思想自由和良心自由的事情。從根本上說，羅爾斯不處理本體論之類的問題最終還是與他想要解決的問題有關，即在自由主義思想和自由主義實踐過程中形成和發展起來的自由和平等的理想和原則如何在多元化的現代社會中得到協調和實現。從這個角度來看，對自由和平等概念在本體論上進行論證的需要就並非那麼迫切和不可或缺。

　　羅爾斯把自由和平等之公民的政治概念看作是一個存在於民主社會公共政治文化當中的基本事實，是一個存在於民主思想傳統中的具有規範性作用的構成要素，不論人們對自由和平等有著怎樣不同的理解和運用，作為個體的公民應該得到基本的自由和受到平等的尊重都已經成為社

會政治生活中一個根深蒂固的觀念。那麼，羅爾斯是在什
麼意義上把公民當作自由和平等的個人來思考呢？按照
羅爾斯的理解，作為個體的公民所具有的自由可以從三個
方面得到具體的說明。首先，在作為個體的公民具有基本
的道德能力方面，特別是涉及公民所具有的善觀念能力方
面，公民是自由的。我們可以這樣來理解為什麼公民在這
種意義上被認為是自由的，正如我們已經指出過的那樣，
任何一個作為個體的公民在其成長和接受教育的過程中
都會形成某種特定的道德生活觀念，但是，這並沒有排除
公民自身對自己所認同和接受的觀念進行某種程度的調整
和修正的可能，在這種情況下，公民在道德生活觀念上的
改變只要依然處在公共認可的規範之內，那麼他們就仍然
擁有法律制度和規範所規定的公民基本權利和義務。換言
之，作為個體的公民並沒有因為認可不同的道德生活觀念
而失去他們對基本法律的認同，他們同樣擁有生活在某種
制度下的公民所享有的權利和義務。正是公民人格所具有
的這種獨立地位，以及公民能夠並且被允許擁有不同的道
德生活觀念而又不因此就喪失其公民資格這種情況，表明
了公民是自由的這一基本事實。相反，如果某個社會把公
民資格所要求的基本自由和權利只是賦予堅持和信奉某種
特定的道德生活觀念的個人，那麼在這樣的社會裡就根本

第三章 公共理性與公民資格

沒有一種平等的公民身分觀念,至少公民缺乏一種必要的良心自由和思想自由。正如羅爾斯所說的那樣:「因為公民設想自己並且相互設想對方具有一種善觀念能力,他們由此才是自由的。……作為自由的個人,公民有權利把他們的人格視為獨立於任何帶有其終極目的之圖式的特殊觀念,並且有權利不認同這類道德生活觀念。在公民具有形成、修正併合理追求某種善觀念的能力這一情形下,他們作為自由個人的公共認同就不會受到他們在決定性善觀念方面所發生的變化的影響。」[54] 其次,在公民能夠把自己看作是提出並論證某種規範之有效性的主體這一意義上,公民是自由的。這也就是說,自由的公民能夠從何種規範有助於保障和促進自我實現和自我完善的角度提出自己的要求。否則,如果公民只是被動地接受外在制度和規範的要求,而沒有按照自我發展的需要來提出並論證規範有效性要求的話,那麼我們就很難說公民還能夠是自由的。在這種意義上來理解,自由實際上是強調公民所遵守和服從的法律制度和規範應當是作為主體的公民們共同制定的。羅爾斯在談到這一點的時候,透過一個對比性的說明形象地表達了公民在這種意義上的自由:存在於奴隸社會中的禁止虐待奴隸的法律,從外在的效果來看,是有助於奴隸

---

54 John Rawls: Political Liberalism, Columbia University Press, 1996, P30

的生命安全的。但是，實際的情形是這種法律規定不是建立在奴隸自身所提出的要求之上，而是僅僅建立在奴隸主的要求之上的。或者說在奴隸社會中，奴隸根本沒有被當作是可以根據自己的生命存在來提出要求的主體，相反，他們只是被當作一種會說話的工具而已。公民被看作是自由的最後一個方面，按照羅爾斯的理解，在公民能夠對自己的行動負責這樣一種意義上他們是自由的。這也可以從作為基本道德能力之一的正義感能力出發來對公民自由進行理解。一個具有正義感的人是一個在公共的社會生活當中能夠得到其他人充分信任的人，也是一個能夠對自己做出的行動擔負起責任的人。更為重要和根本的是，具有正義感的人在確定其自身的理想價值和目標追求時並不僅僅根據個人的需要和慾望，他們可以按照能夠合理地期待他人認同的原則對自己的目的進行相應的調整。我們也可以更進一步地把具有一定程度的正義感看作是向其他人表達自己希望參與合作的意願，沒有對自己的行動承擔責任的態度，沒有相互之間最基本的信任，就根本不可能展開真正意義上的合作，人們相互之間的互動就只是出於偶然的動機和目的，並且僅僅被當作是實現個人需要的一種工具和手段。對同樣作為理性存在者的他人所擁有的自由的否定，反身性地降落到自己的身上，自由蛻變為一種動物般

的反覆無常和任性多變。

　　從以上羅爾斯關於個人作為自由和平等之公民的政治
觀念的論述和解釋中，我們至少可以總結出兩個根本的要
點。第一，羅爾斯在道德和政治兩者之間做出了明確的區
分，公民的政治身分完全獨立於公民所認同和信奉的道德
生活觀念，公民自由和平等的基礎建立在作為理性存在者
的個人所擁有的基本道德能力之上，並且強調自由和平等
的規定性內涵能夠透過存在於民主思想傳統中的基本觀念
得到塑造，而不需要依賴於任何特殊的道德生活觀念，透
過這種方式能夠建構出一種適合於民主社會中公民之政治
認同的公共理性。第二，羅爾斯同時還特別強調，個人作
為自由和平等的公民這一政治概念不是一種關於自我本性
的特殊形而上學學說，相反，它為我們提供了一種共同的
視角，從這種視角出發，公民們相互認為對方具有自由和
平等的政治地位。誠然，在現實的社會生活實踐當中不同
的公民堅持和信奉不同的道德生活觀念，也有著不同的社
會地位，但是，從政治的觀點看，這種差別並不是公民要
求具有不同的政治權利和政治地位的理由，正如羅爾斯提
出的那樣：「我們佔有某一特殊社會地位這一事實，並不
是我們提出或期待別人接受一種有利於這種社會地位和正
義觀念的充分理由。同樣，我們認可一種特殊宗教的、哲

學的和道德的完備性學說以及與之相連繫的善觀念這一事
實，也不是我們提出或期待別人接受一種有利於這些說教
的正義觀念的理由。」[55]。

▌第三節　理性與合理性

　　羅爾斯反覆強調並重申民主社會的政治文化所具有的
各種宗教學說、道德學說和哲學學說之間相互衝突甚至互
不相融的多樣性特徵並不是人類社會生活的一種不幸狀
態，相反，它是人類理性力量在持久的自由制度背景內發
揮作用所不可避免地產生的長期性結果。與此同時，羅爾
斯當然沒有對存在於歷史上的各種各樣非理性的、瘋狂的
學說視而不見，但同樣顯而易見的是，在人類社會歷史的
任何時期從來就沒有出現過關於什麼樣的生活最有價值這
一問題的一致看法，生活方式和生活觀念的多樣性是人類
社會生活中存在的一個基本事實。因此，羅爾斯試圖提出
並解決的問題是，一種既尊重公民自身的個人信念同時又
能夠確保公民之間相互尊重和民主寬容之政治關係的制度
系統應當建立在什麼樣的基礎之上。羅爾斯的思路是，這
樣的基礎不可能是完備性的，也就是說它不可能建立在任
何特定的公民所擁有的生活信念之上，而只能以存在於一

55　John Rawls: Political Liberalism, Columbia University Press, 1996, P24

個社會傳統和現實中的共同信念為參照，這些信念包含著一些基本的原則和信念，透過這些基本原則和信念我們就能夠建構出一種適合我們的共同信念的政治正義觀念，這種政治正義觀念可以作為公民之間政治一致的基礎。正如羅爾斯所說的那樣：「要獲得一種共享的理性，正義觀念就應該盡可能地超越公民們所認可的各種相互對立和相互衝突的哲學學說和宗教學說。在系統地闡述這一觀念時，政治自由主義把寬容原則運用到哲學本身。」[56] 為了說明和論證以一種獨立的方式被表達出來的政治正義觀念，羅爾斯引入了原初狀態這一基本的概念，並且認為對於具體地闡釋一種恰當的政治正義觀念來說，沒有任何別的方式能更好地為社會的制度體系論證一種政治正義觀念。然而，具有諷刺意味的是，羅爾斯自認為最具原創性的概念和論證方式在大多數批評者看來卻是一個毫無意義的虛構。在羅爾斯看來這是一種誤解，誤解的原因在於沒有深刻地理解原初狀態這一概念所具有的作用和意義，為此羅爾斯對原初狀態這一概念做出了更為確切和清晰的說明。按照羅爾斯的理解，原初狀態作為一種人為的設置，其根本的作用在於為我們提供了一種公共的視角，我們借此能夠進行有效的公共反思和自我澄清。在羅爾斯看來，在原

56　John Rawls: Political Liberalism, Columbia University Press, 1996, P9-10

初狀態中起約束和限製作用的條件並不是我們可以任意地和隨心所欲地加以規定和設置的；相反，這些限制性條件所體現的是一種理性的約束。更重要的是，即便是原初狀態中達成一致的契約也並不就是能夠成為一勞永逸的、放之四海而皆準的原則和信條。恰恰相反，原初狀態中達成一致的政治正義觀念和任何其它觀念一樣，照樣需要透過我們深思熟慮的判斷來加以檢驗。羅爾斯明確地指出：「這些為公民一致同意的原則的確是最合乎理性的原則，這判斷只是一個推測，因為它肯定有可能不正確。我們必須在各個不同的普遍性層面上依我們考慮判斷的固定點來檢驗之。我們還必須考查，怎麼才能將這些原則很好地運用於民主制度？它們所導致的結果將會如何？因之確定它們在實踐中能夠在多大程度上很好地適合於我們按反思平衡所考慮好的判斷。在每一個方向上我們都有可能要修正我們的判斷。」[57] 為了更進一步了解羅爾斯所提出的政治的個人觀念，我們還要大致地對他在理性與合理性兩者之間所做的區分做一簡要的說明。確定一種恰當的政治正義觀念所要解決的問題無非是要為公民之間的社會合作確定體現相互性準則的條件，參與社會合作的各方包含著兩個方面的能力，一個涉及如何確定自己追求的目標以及實現日

57　John Rawls: Political Liberalism, Columbia University Press, 1996, P381

第三章 公共理性與公民資格

標的最有效的方式，另一個則涉及如何進入公共的社會世界並參加到與他人的交往關係當中，這兩個方面的能力分屬於合理性與理性的範疇。我們可以這樣來理解，政治正義原則在羅爾斯最初的觀念中為自由且平等的公民之間開展穩定的社會合作設定公平的項目或條款。重要的是，政治正義原則表現為在理性選擇的條件下為社會合作問題提供的形式上的解決方案。因此，羅爾斯把公民在追求他們的目的並選擇有效的手段來實現既定目的這樣一種行動方式歸屬於合理性這一範疇，因為參與社會合作的各方對保證達到目的的條件十分關心。所以，合理性是與自我相關的範疇，因為它關係到個人或聯合體獲得其自身的目的。

相比而言，理性（reasonableness）關注於人們如何處理人與人、人與聯合體在追求目的時的關係。事實上，羅爾斯並沒有對大多數「合乎理性」的術語進行定義，雖然他承認需要這樣做。正如羅爾斯所說，他的理論「將這種理念應用於各種不同的主題：觀念與原則；判斷與根據；個人與制度。當然，在每一種情形下，它還必須具體規定判斷的標準，而不論其所討論的主題是否是理性的」[58]。然而，我們可以將理性的人（reasonable person）看作是他為理性設定的基本概念。按照羅爾斯的理解，理性的人具

58　John Rawls: Political Liberalism, Columbia University Press, 1996, P94

備三個方面的基本特性：其一，兩種道德能力即正義感的能力和善的觀念的能力；其二，判斷、思考、推斷的理智慧力；其三，根據某些完備性觀點解釋的明確的善的觀念。

　　此外，羅爾斯從兩個基本方面對作為人之德性的理性進行了區分。首先，「在平等的個人中間，當他們準備提出作為公平合作項目的原則和標準、並願意遵守這些原則和標準時，假定我們可以確保其他人也將同樣如此，則這些個人在這一基本方面就是理性的」[59]。在這一基本方面，理性似乎只是樂於與其他人進行公平遊戲而已。理性的第二個基本方面在於「認識判斷的負擔、並在指導某一立憲政體中政治權力之合法行使時，為運用公共理性而接受這些判斷負擔之後果的意志」[60]。理性要求我們承認，我們的判斷服從於判斷負擔施加的限制，並且我們要接受認可的政治後果。其中最重要的後果就是某些公民運用政治權力向其他人施加完備性學說和善的觀念是不合乎理性的。這之所以不合乎理性，是因為在承認判斷負擔的情況下，存在著多種理性的個人可能理性地認可的合乎理性的完備性學說。理性的人將會認識到，他們本人反對的學說可能在其他人看來是合乎理性的：因此他們會限制運用

59　John Rawls: Political Liberalism, Columbia University Press, 1996, P49
60　John Rawls: Political Liberalism, Columbia University Press, 1996, P54

政治權力推進他們自己的學說或壓制其他人的學說。因為
羅爾斯認為，人與完備性學說中蘊涵的理性允許他將公平
之正義視為穩定的重疊共識的中心，這是其觀點具有可行
性和確當性所要求的那類人的觀念與學說。在羅爾斯的理
論中，他所規定的公民能夠展現理性與合理性的德性，因
為這些德性融入到了具有完善道德能力的自由且平等的個
人特性之中。他們受到「合理的」和「理性的」的動機驅
使。正如羅爾斯所說，「無論是理性的，還是合理的，都
不能離開對方而獨立存在。純粹理性的行為主體可能沒有
任何他們想透過公平合作來發展的他們自己的目的；而純
粹合理的行為主體則可能缺乏一種正義感，認識不到別人
要求的獨立有效性」[61]。

　　按照羅爾斯的觀點，合理性是在理性的背景下運用
的。他認為，「理性」不是衍生於合理性；理性是公共
的，具有公共性，而合理性則不具有公共性。換言之，根
據羅爾斯的理解，作為個體的公民是在理性的約束下運
用合理性的。這些約束確保他們的協商是在理性約束的框
架內進行的，由此產生的結果就蘊涵了一種理想，即該社
會是相互承認為自由且平等的公民之間的合作性冒險。因
此，原子式的個人可以進行合理的推斷，同時理性的個人

61　John Rawls: Political Liberalism, Columbia University Press, 1996, P52

又是在社會背景下的個人。對於羅爾斯而言，理性意味著對相互性可能存在的社會世界的渴望。因此，「理性」表達了交互主體性的相互性理想（intersubjective ideals of reciprocity），同時包含了每個人位置面對面的對稱性。

「理性與合理性」之間的關係尤為重要，而且，「理性預設了合理性的前提並使之處於從屬地位」[62]。理性之所以能夠預設合理的存在，是因為如果沒有推動聯合體成員的善觀念，就沒有社會合作的立足點和正當與正義的觀念，即便這類合作認識到了超出善觀念單獨規定的價值。合理性服從於理性是由於理性的原則限制了可以追求的終極目的。這是一個特殊的自由民主的社會觀念。

在羅爾斯的政治自由主義中，看起來理性的人能夠上升到政治的正義觀念之中，從而超越於理性的完備性學說之上。在此，理性的人能夠獲得共同的語言，並將他們共享的原則應用於使他們存在於穩定與統一的基本社會和政治制度的建構之中。透過迴避理性的人所擁有的特殊的宗教、哲學以及道德學說，同時仍然允許個體公民基於特定的學說證明其對該社會的忠誠，羅爾斯主張，公平之正義可以要求民眾的同意，舍此將沒有任何同意的基礎。結合我們對個人作為自由和平等之公民的政治觀念，我們可以

62　John Rawls: Political Liberalism, Columbia University Press, 2001, P310

看到，羅爾斯關於個人的政治觀念將人視為自由與平等、合理性與理性的公民。

第四章
作為一種政治建構論的公共理性

第四章　作為一種政治建構論的公共理性

　　羅爾斯在後期明確提出並詳細闡述了公共理性這一根本性的概念。透過對現代民主社會基本狀況的分析，羅爾斯認為，從民主社會的公共政治文化傳統出發建構出一種政治正義觀念，建立在這一觀念基礎上的公共理性能夠成為政治正當性證明的公共基礎。迄今為止，我們只是粗略地考察了羅爾斯公共理性思想的一些基本的方面，然而，在羅爾斯那裡公共理性是作為一種政治建構論的方式而得到具體和充分的說明和論證的。

　　按照羅爾斯的理解，政治建構論的提出，其目的和任務在於把政治正義原則的內容與理性而合理的公民觀念連接起來，以政治正義原則作為實質性內容的公共理性表現為一種不依賴於民主社會中存在的各種各樣的完備性學說而被獨立地建構出來的觀點。羅爾斯指出：「政治建構論是一種關於政治觀念之結構和內容的觀點。它認為一旦達到反思平衡，政治正義原則就可以被描述為某種建構程度的結果，在這一由原初狀態所塑造的程式中，具有合理性的行為主體在理性條件的約束下選擇規導社會基本結構的公共正義原則。我們設想，這一程式具體體現了所有實踐理性的相關要求，並告訴我們正義原則是如何從那些與社會觀念和個人觀念、以及實踐理性的理念本身連繫在一起

的實踐理性原則中推導出來的。」[63] 從這一段話中我們可以看到，作為政治建構論之結果的政治正義原則並不是對一種與我們人類的理性活動毫不相關的獨立的價值秩序的表達，相反，它是在某種體現民主社會公共文化中共同確信的實踐理性原則的基礎上建立起來的。

　　羅爾斯《正義論》一書出版後，在歐美哲學界引起了廣泛研究和批評，正是在對各式各樣的批評予以回應、並且在不斷的自我反思和批評的基礎上，羅爾斯在後期明確提出並詳細闡述了作為建構論的公共理性這一根本性概念。在羅爾斯後期政治哲學中，公共理性概念占據著主導性地位。然而，就我國關於羅爾斯政治哲學的研究現狀來看，圍繞公共理性這一主題所展開的研究和討論還是一個比較薄弱的環節。從目前能夠查閱到的關於羅爾斯公共理性思想方面的研究論文而言，其中存在著過分簡單化和理想化的解釋傾向，有許多關鍵性問題還沒有得到恰當的揭示和澄清。那麼，我們究竟從何處著手才能更好地進入羅爾斯的思想世界呢？首先，我們需要對羅爾斯的政治建構論有一個大致的了解；其次，我們要簡單地考察羅爾斯對現代民主基本狀況的分析，因為這是羅爾斯整個理論規劃的現實前提；再次，我們要詳細地說明羅爾斯對公共理性

63　John Rawls: Political Liberalism, Columbia University Press, 1996, P89-90

的理論建構；最後，我們簡要分析公共理性和現代民主的
關係，目的在於把羅爾斯所提出的理論設想看作是對現代
性狀況的一種回應。

▍第一節　政治建構論

　　羅爾斯透過對合理直覺主義和康德的道德建構論的分
析，提出並闡明了自己的政治建構論。羅爾斯關心的問題
是，面對存在於現代民主社會中理性多元主義這一基本處
境，一種既能夠確保所有公民的自由和平等，同時又能夠
促進公民之間相互尊重和民主寬容的政治交往關係的政治
理性如何才能合理地建立起來。在這樣一個問題上，合理
直覺主義和康德的道德建構論都提出了各自的主張，但是
羅爾斯認為它們都不適合於為現代民主社會提供一種用以
作為正當性證明之基礎的共享的政治理性。合理直覺主義
認為，存在著一種外在於人類理性活動的、獨立的道德價
值秩序，並且主張道德原理只有在符合這種獨立的道德價
值秩序的時候才是正確的和真實的。換句話說，正確的道
德原理是透過一種外在於人類理性活動的道德價值秩序而
得到具體的表達和說明的。同時，我們具有認識道德原理
並按照這種道德原理來引導自己行動的慾望。按照羅爾斯
的理解，如果像合理直覺主義那樣堅持一種道德實在論的

立場，最直接的後果是使人類的實踐理性活動陷入一種他律的境地。同時，存在於社會中的許多道德觀念將被認為是錯誤的與不合理的觀念而遭到排斥和否定。在這裡需要強調的一點是，羅爾斯並不是要反對合理直覺主義這樣一種學說。他所反對的是以合理直覺主義設想道德原理的方式不適合於用來為民主社會中公民之間的公共認同提供一種共享的理性基礎，因為它把太多的道德生活觀念看作是不合理的，並且忽視了存在於人類社會生活當中的合理分歧這一基本的社會事實。正如羅爾斯所指出的那樣：「各種宗教學說和哲學學說分別表達了或一起表達了我們整個世界觀和我們相互間的生活觀。我們每個個體的和聯合體的觀點、我們種種理智親緣關係、以及我們的各種感情依附都太過多樣，尤其是在自由社會裡更是如此，以至於我們無法讓這些學說作為永久而合乎理性的政治一致的基礎。不同的世界觀念可以從不同的立場出發理性地加以詳盡地闡述，而多樣性則部分地源於我們不同的視野。假設我們的所有差異都只是根源於無知和固執，或是根源於權力、地位或經濟利益的競爭，那是不現實的，或者更糟的是，這種假設還會引起人們相互猜忌和敵對。」[64] 由此我們可以看到，羅爾斯淡化了理論理性意義上的真理要求，

64　John Rawls: Political Liberalism, Columbia University Press, 1996, P58

突出了實踐理性的重要性和意義。

那麼，康德的道德建構論又是一種什麼樣的情景呢？在羅爾斯看來，康德道德建構論的目的在於為理性信仰進行哲學辯護，並且這種對理性信仰的辯護並不是為了表明理性與信仰兩者之間的相融性問題，而是透過理性本身來表明理性的理論運用和實踐運用兩者之間的一貫性和統一性問題，是我們將怎樣把理性看作是最終的訴訟法庭、看作唯一有能力解決所有關於理性自身權威的範圍和限度的問題。正如康德以雄辯的口吻所說的那樣：「理性在其一切行動中都必須經受批判，並且不能以任何禁令損害批判的自由而不同時損害它自身並為自己招致一種有害的懷疑。在這裡，沒有任何東西在其用途上如此重要，沒有任何東西如此神聖，可以免除這種鐵面無私、一絲不苟的審查。甚至理性的實存所依據的就是這種自由，理性沒有獨裁的威望，相反，它的裁決在任何時候都無非是自由公民的贊同，自由公民的每一個都必須能夠言無不盡地表達他的疑慮乃至否決。」[65]康德試圖在《純粹理性批判》和《實踐理性批判》中，透過道德法則為我們的道德知識和我們對自由的知識進行辯護，同時他也想找到一種構想自然法則和道德自由的方式，以使兩者能夠相融。康德把哲學看

65　康德：《純粹理性批判》，李秋零譯，中國人民大學出版社，2004 年，第 553 頁。

作一種辯護的觀念，否認了任何使理性的理論運用和實踐
運用兩者之間的一貫性和統一性成為可能的一切學說，因
此，他反對理性主義、經驗主義和懷疑主義的學說，因為
它們會導致自然法則和道德自由互不相融的後果。羅爾斯
認為康德的道德建構論代表的是一種完備性的觀念，自律
的理想具有規導一切生活的規範性作用，它不適合用來為
我們提供一種公共證明的理性基礎。羅爾斯同意康德關於
自律的觀念，但沒有康德的那種嚴格性，只是認為如果一
種政治觀念表現著基於跟適合的政治之社會觀念和個人觀
念相連繫的實踐理性原則之上的政治價值秩序，那麼我們
就可以稱這種政治觀念是自律的。

　　羅爾斯的政治建構論並不是要建立一種完備性的學
說，相反，只是想獨立地表達一種政治正義觀念，以該觀
念作為實質性內容的公共理性目的在於為政治正義問題
提供一種公共證明的基礎。在羅爾斯看來，在理性多元
論這樣一種現實社會生活條件下，公民們不可能一致認同
任何道德權威，無論是一種神聖的文本，還是一種神聖的
制度，他們也不會一致認同某種道德價值的秩序，或某種
自然法之類的指令。因此，比較恰當的做法是採取一種建
構論的觀點來具體規定公平的社會合作條件，這些公平的
社會合作條件是那些作為自由和平等公民的代表在他們處

於公平地位時，透過他們一致同意的正義原則所具體規定的。當然，把政治正義觀念理解為一種建構論的結果，同時強調如果判斷是正當地遵循正確的程式並且只根據正確的前提作出的，那麼它就是合理的和健全的。因此，對於羅爾斯提出的政治建構論來說，關鍵的問題在於建構程式的制定本身是否正確與合理。羅爾斯雖然知道這一問題的重要性，但可惜的是他並沒有用一種充分的方式來表明和論證建構程式本身的正確性和合理性是如何得到具體規定的，正如他所說的那樣，政治建構程式的「基礎就在於公共政治文化的根本理念，在於公民共享的實踐理性的原則和觀念。因此，如果能夠正確地制定這種程式，公民就應該能夠隨同他們理性的完備性學說一起接受該程式的原則和觀念」[66]。很明顯，羅爾斯在這裡訴諸一種實踐理性的原則，然而這已經不是康德意義上的實踐理性了，因為對於羅爾斯來說，康德的道德建構論所依據的實踐理性是構成一切價值形式的基礎，羅爾斯則認為一種實踐理性觀念透過一種適當的社會觀念和個人觀念就可以得到具體的表達，「正當和正義原則產生於正確制定與適當的社會觀念和個人觀念相連繫著的實踐理性原則的程式之中」[67]。當然，羅爾斯在這裡所提到的「適當的社會觀念和個人觀

66　John Rawls: Political Liberalism, Columbia University Press, 1996, P97
67　John Rawls: Political Liberalism, Columbia University Press, 1996, P111

念」是對存在於一個社會中的共同確信中所體現的基本信念和原則的一種表達。因為羅爾斯的政治建構論只限於建立一種對所有公民來說是合乎理性的政治正義觀念，所以他弱化了政治正義觀念本身對真實性的嚴格要求。正如羅爾斯所說的那樣：「難道我們應該認為任何一種合乎理性的學說在社會中都表現為真實的或近似於真實的，甚至長遠地看也是如此麼？政治觀念本身並不談論這一問題。它的目的是制定出一種理性而合理的公民在恰當反思層面上能夠認可的政治正義觀念，因而使公民在憲法根本和基本正義問題上達成自由而明智的一致。達到這一目的後，該政治觀念便是一種合乎理性的公共理性的基礎，而這已經足夠了。」[68] 羅爾斯認為，抽象地探討什麼是合理的沒有意義。他反對透過抽象的哲學進路研究正義問題。他也反對純粹的實踐性的研究路徑，因為這會使得問題變成了找到令人滿意的臨時協定的問題。他從現存社會基本的直覺性理念著手，將現存的社會實踐作為邏輯起點，並根據蘊涵於其中的價值對其進行考察。正義與公平的核心觀念是對立憲民主的歷史傳統中基本要素進行的實踐性建構。這樣一來，羅爾斯的任務就變成了為實踐問題探求哲學上的解決方案，其目標在於保證穩定的社會統一。按照羅爾斯

68　John Rawls: Political Liberalism, Columbia University Press, 1996, P128

的解釋，政治哲學唯一的任務就是透過確認現代社會共識的深層次基礎來為穩定性的問題提供解決方案。

羅爾斯將政治哲學的任務視為實踐性的而非哲學性的，尋求透過實踐性的方案而非關於政治道德的真理解決政治問題。在羅爾斯的解釋中，這是透過建構政治正義原則來實現的。而這些原則的建立不是透過挑戰和駁斥相互衝突的完備性觀念達到的，而是透過盡可能地超越和調和它們達到的。這看起來是取消了康德式的普遍性理想，而且他認為塑造或發現可以適用於所有人類社會的政治哲學觀應當拋棄。對於羅爾斯來說，政治哲學與其它哲學形式之間是分離的，其原因就在於在現代民主社會中存在著相互對立甚至互不相融的道德、哲學和宗教觀點這一歷史事實。

第二節　現代民主的基本狀況

衝突和對抗是社會政治生活的一個基本事實。相應地，人們也可以從不同的角度對衝突的根源進行解釋和說明，衝突或者起因於社會和經濟利益的爭奪，或者起源於不同的社會政治理論對社會制度發揮作用的方式所做的相互分歧的解說，或者是來自對公共政策可能導致的後果方面的不同意見。與以往對社會政治衝突的理解有所不同，

羅爾斯認為不同的道德學說、哲學學說和宗教學說之間的
對立和差異是導致衝突的更為深刻的根源。換言之，在現
代民主社會的條件下，政治統一性不可能建立在全體公民
共同信奉某種道德學說和哲學學說的基礎上。當然，把現
代民主社會中的衝突根源歸結為不同觀念之間的差異也是
出於理論建構方面的考慮，這主要表現在羅爾斯試圖在捍
衛自由和民主的前提下重新闡釋現代民主社會公民之間的
政治關係。在談到人們應當如何恰當地理解現代民主社會
中存在的差異時，羅爾斯指出：「假定我們之間的一切差
異都僅僅根源於愚昧無知和任性固執，或者是根源於對權
力、地位或經濟利益的爭奪，那是不現實的，更為糟糕的
是這種假定還會引起人們相互之間的懷疑和敵意。」[69] 把
存在於現代民主社會中的衝突規定為人們在社會生活實踐
中形成和信奉的觀念上的差異，同時也就為塑造公民之間
相互信任和相互尊重的政治關係確立起一個穩固的基礎。
因為只有當人們認為各種不同的學說和觀念都是人類理性
在自由制度框架內長期發展的產物，才有可能正確地看待
不同的學說和觀念之間的分歧和差異，並由此構建公民之
間相互尊重和民主寬容的政治關係。

　　人類理性在自由制度內長期實踐所形成的觀念和學

69　John Rawls: Political Liberalism, Columbia University Press, 1996, P58

說的多樣性，羅爾斯稱之為「理性多元主義」，並且認為「理性多元主義」是現代民主社會中存在的一個基本事實，「存在於現代民主社會之中的宗教學說、哲學學說和道德學說的多樣性，不是一種可以很快消失的歷史狀況，而是民主社會公共文化的一個永久特徵。在受到自由制度的基本權利和自由保障的政治和社會條件下，如果還沒有獲得這種多樣性的話，各種相互衝突、互不相容的但又是合乎理性的完備性學說也將會產生出來，並將持續存在」[70]。承認「理性多元主義」這一基本的事實，也就意味著現代民主社會的統一性不可能建立在全體公民對某種完備性學說和觀念的普遍認同之上，同時也表明國家政治權力的運用不可能透過訴諸某種完備性學說和觀念的方式獲得正當性證明。在現代民主體制下，政治權力雖然仍然是一種強制性的權力，但同時它更是一種公共權力，是一種為自由和平等的公民集體所共享的權力。正是因為政治權力在現代民主體制下所具有的公共性特徵，運用政治權力的正當性證明的基礎就不可能是某種完備性的學說和觀念。當根本性的政治問題發生危機時，那種認為只有自己所信奉的學說是真實的、並且能夠為政治權力的運用提供正當性證明，並進而否認其他人所堅持的學說之真實性的

70　John Rawls: Justice as fairness, a restatement, Erin Kelly, ed Harvard University Press, 2001, P33-34

人，在他人看來就只不過是試圖把他們自己的學說透過政治權力強加給別的公民個人和群體而已。然而，在承認「理性多元主義」的條件下，從理論上來說，這是任何一種學說和觀念的信奉者都可能會提出的要求，但同時也是任何一個人都無法對一般公民可以正當提出的一種要求。

　　除了理性多元主義這一基本事實之外，羅爾斯還提到其他四個廣泛存在於現代社會當中的事實。「第二個與之相關的事實是，只有靠壓迫性地使用國家強制力，人們對某一宗備性宗教學說、哲學學說和道德學說的持續共享性理解才能得以維持下去。」[71] 如果我們把政治社會看作是以所有公民認可同一種完備性學說而達到的同質性共同體，那麼對於這樣一個共同體來說，壓迫性地使用國家強制力就是不可避免的，羅爾斯把這一事實稱之為「壓迫性事實」。第三個普遍事實是，「一個持久而安全的民主政體，也就是說，一個未被分化成持有相互競爭之學說觀點的和敵對的社會階層的政體，必須至少得到該社會在政治上持積極態度的公民的實質性多數支持」[72]。這個事實與理性多元主義結合在一起意味著，政治正義觀念要發揮立憲政體的公共正當性證明的基礎作用，就必須是一個能夠得到各種互不相同並且相互對立的完備性學說的廣泛認

71　John Rawls: Political Liberalism, Columbia University Press, 1996, P37
72　John Rawls: Political Liberalism, Columbia University Press, 1996, P38

可。第四個普遍事實是,「一個民主社會的政治文化——
它在一個相當長的時期裡理性地發揮著作用——通常包
含著或至少隱含著某些基本的直覺性理念,從這些理念
中,有可能制定出一種適合於一個立憲政體的政治的正義
觀念」[73]。關於第五個普遍事實,羅爾斯論述道:「在我
們最重要的判斷中,許多都是在這樣一些條件下做出的,
即我們不能期待正直的個人以其充分的理性能力(甚至是
在經過自由討論之後)總能達到相同的判斷。某些相互衝
突的理性判斷(特別重要的是那些屬於民族之完備性學說
的判斷)可能為真,而另外一些相互衝突的理性判斷則可
能為假;還可以設想,所有相互衝突的理性判斷都可能為
假。」[74]羅爾斯將最後一項事實稱之為「判斷的負擔」。
羅爾斯論證指出,理性的公民都會承認,其他公民與他們
一樣都要面對判斷的負擔,因此,期望在完備性的形而上
學說或道德學說的基礎上達成普遍共識,這是缺乏理性的
表現。即使我們自身堅信的學說是終極真理,我們也不能
期望其他人也會這樣認識。總之,這些普遍性的事實使得
合法性的問題變得極為迫切。如果合法性在最低限度上要
求多數公民必須自由地支持作為公平的正義觀規定的民主
政體,與此同時,隱含於公平正義觀中的自由權卻保證了

73　John Rawls: Political Liberalism, Columbia University Press, 1996, P38
74　John Rawls: Political Liberalism, Columbia University Press, 1996, P58

廣泛的多元主義，不同的人可以堅持不同的完備性學說，那麼自由的政治制度就無法獲得合法性。

在現代民主社會中，政治權力的公共性特徵以及公民相互之間被互相衝突、互不相容但又是合理的學說所分裂這一基本狀態，表明現代民主社會的統一性不再可能是全體公民共享某種學說而達到的同質性的共同體，政治權力的正當性證明之基礎也不再可能是任何一種完備性的學說和觀念。正如羅爾斯所指出的那樣：「人們對某一種完備性的宗教學說、哲學學說和道德學說的持續的共享性理解，只有透過壓迫性地運用國家權力才能夠維持下去。」[75] 從以上所作的簡要描述中，我們可以清晰地看到羅爾斯對現代民主基本狀況的說明和把握。但還有待進一步澄清的問題是，何以存在於現代民主社會當中的各種不同的學說和觀念都是合乎理性的？關於這一問題，我們可以從兩個方面加以說明。首先，這與羅爾斯自己建構理論的意圖有關。這主要表現在，羅爾斯始終把捍衛自由和平等當作自己的使命，並進而在新的社會歷史條件下對自由主義提出新的理論論證。羅爾斯既然把現代民主社會當中的衝突規定為不同學說和觀念之間的分歧和差異，很顯然，對公民之自由和平等的尊重就需要平等地尊重和理解公民在實

75　John Rawls: Political Liberalism, Columbia University Press, 1996, P37

踐生活中所形成和持有的學說和觀念，需要把各種不同的學說和觀念同時視為是合乎理性的。其次，為說明產生理性分歧的根源，羅爾斯進而引入了「判斷負擔」的概念。羅爾斯認為理性的個體在進行判斷時不可避免地會受制於許多偶然的未知因素，這些因素乃是人們在運用我們的理性能力和判斷能力的日常政治生活實踐中必然會碰到的，因此，人們經常會做出不同的判斷，以至於理性的個人往往並不會形成並認可相同的完備性學說和觀念。羅爾斯指出：「我們的許多最重要的判斷都是在這樣一些條件下做出的，即我們不能夠期待那些具備充分理性能力的正直的人們在經過自由的討論之後總是可以達到相同的結論。」[76]

▌第三節　公共理性的建構

　　在現代民主社會中，政治社會不再表現為全體公民共享某種學說的同質性的共同體，作為自由和平等的公民認可相互衝突、互不相容的學說和觀念並處在分化狀態乃是現代民主社會的一個基本事實。為了尋求政治社會統一性的基礎，羅爾斯在完備性的學說和政治正義觀念兩者之間進行了區分，並且認為只有一種被恰當建構的政治正義觀念才有可能為信奉不同完備性學說的全體公民所認可，並

76　John Rawls: Political Liberalism, Columbia University Press, 1996, P59

為行使政治權力的正當性證明提供公共的基礎。按照羅爾斯的看法，各種不同的完備性學說屬於社會背景文化，也即市民社會文化的範圍；與之相區別的是存在於民主社會中的公共政治文化，政治正義觀念的建構就是將隱含在公共政治文化傳統當中的基本觀念進行抽象和概括並把它明確地表達出來。政治正義觀念的一個突出的特徵就在於它是對各種政治原則和政治價值進行說明和解釋，同時，由於對隱含在民主社會公共政治文化當中的基本政治概念可以透過各種不同的方式進行解釋，同時也因為不同的民主國家之間在公共政治文化傳統方面的差異，因此，政治正義觀念也就會有不同的表達方式和表現形式。羅爾斯認為，從民主社會公共政治文化傳統出發建構起來的政治正義觀念能夠成為不同完備性學說之間的重疊共識，當公民圍繞根本性的政治問題展開爭論時，只有訴諸政治正義觀念所體現的政治價值才能獲得正當性證明。公共理性這一概念在羅爾斯理論中的特定含義就是透過政治正義觀念而獲得其規定性，「公共理性的內容是由政治正義觀念所賦予的」[77]。因此，就羅爾斯對公共理性這一概念的使用而言，公共理性根本不是像有些研究者所聲稱的那樣，是現代民主社會政治正義的普遍基礎。恰恰相反，公共理性屬

77　John Rawls: Political Liberalism, Columbia University Press, 2001, P581

於一種理論建構的範疇，而不是一個固定不變的、僵死的概念。其實，羅爾斯對這一點也作過很明確的表述，他指出：「雖然在各個民主社會中產生影響並發揮作用的具體學說會有所不同，就像在歐洲民主國家、美國、以色列和印度等國家中存在著不同的傳統那樣，但是尋求一種恰當的公共理性觀念卻是各個民主國家所共同面臨的關懷。」[78] 羅爾斯強調，從民主社會的公共政治文化傳統出發建構起來的政治正義觀念是作為一種獨立的觀點而得到表達的，它是對各種基本政治價值的解釋和說明，正是這些政治價值構成了公共理性的基礎。更為重要的是，對於羅爾斯來說，雖然政治正義觀念所體現的政治價值是對存在於民主社會傳統當中的政治概念的一種理解和闡釋，但它僅僅是對體現自由主義和民主價值的合理的政治概念進行解釋和建構。正如羅爾斯指出的那樣：「許多政治概念屬於非自由主義的政治概念，這包括那些像貴族制與合作寡頭制、以及像獨裁與專制之類的概念，所有這些概念都隸屬於政治概念的範圍。但是，我們所關注的僅僅是那些對於憲政民主政體來說是合理的政治概念。」[79] 這就更清楚地表明，在羅爾斯政治哲學中，公共理性概念屬於現代民主社會的一種構想，其內容是透過被恰當建構的政治正義觀念

78　John Rawls: Political Liberalism, Columbia University Press, 2001, P574
79　John Rawls: Political Liberalism, Columbia University Press, 2001, P585

而得到規定的，其目的在於為現代民主社會中政治權力的運用提供正當性證明和公共論證的基礎。因此，我們不能把羅爾斯所說的公共理性理解為民主社會本身得以存在和發展的一種普遍的基礎和條件；相反，公共理性的理論建構隸屬於現代民主政治話語的範疇。關於這一點，我們還可以從美國學者威廉‧A‧蓋爾斯敦在《自由多元主義》一書中的相關論述得到啟發，他在談到羅爾斯的公共理性時指出：「他視民主——更準確地說，是自由主義的憲政民主——為其出發點。……公共理性與民主無論好壞都是連繫在一起的。……因為公共理性的理論寄生於民主之上，所以它不能用於反對那些質疑民主的人。」[80]

從以上所做的簡要分析中，我們可以看到，羅爾斯後期的著作並沒有放棄《正義論》的主要問題：即什麼是自由且平等的公民之間社會合作的公平條款？作為政治建構論之結果的政治正義原則也沒有實質性的不同，不同的是探討和思考問題的背景發生了變化。他認為最重要的問題是如何為存在著理性多元主義的現代民主社會的政治穩定和社會統一尋找一種恰當的、能夠得到堅持和信奉不同完備性學說之公民認同的政治理性。他為自己設定的任務是建構一種對所有公民而言都是合乎理性的政治正義觀。由

80　威廉蓋爾斯敦：《自由多元主義》，江蘇人民出版社，2005 年，第 58-59 頁。

此，他比較強調對保證穩定性的原則的探求。這一重要變化可以從他證明自由主義理論中發現。

羅爾斯認為，要達到這樣一個目的，抽象地探討什麼是理性和正義這樣的問題並沒有意義，他反對透過抽象的哲學進路研究正義的問題，同時也反對純粹的實踐性的研究路徑，因為這會使得問題變成找到令人滿意的臨時協定的問題。他認為只有從現代民主社會蘊涵的基本的直覺性理念著手。亦即，他將現存的社會實踐作為邏輯起點，並根據蘊涵於其中的價值對其進行考察。正義與公平的核心觀念是對立憲民主的歷史傳統中基本要素進行的實踐性建構。這樣一來，羅爾斯的任務就變成了為實踐問題探求哲學上的解決方案。其目標在於保證穩定的社會統一。按照羅爾斯的解釋，政治哲學唯一的任務就是透過確認現代社會共識的深層次基礎來為穩定性的問題提供解決方案。

那麼，羅爾斯就將政治哲學的任務視為實踐性的而非哲學性的。它尋求透過實踐性的方案而非關於政治道德的真理解決政治問題。在羅爾斯的解釋中，這是透過建構政治正義原則來實現的。而這些原則的建立不是透過挑戰和駁斥相互衝突的完備性觀念達到的，而是透過盡可能地超越和調和它們達到的。對於羅爾斯來說，政治哲學與其他哲學形式之間是分離的，其原因就在於現代民主社會中存

在著相互對立甚至互不相融的道德、哲學和宗教觀點這一歷史事實。

按照羅爾斯的新觀點，正義原則僅僅要求在社會中存在的各種相互競爭的學說之間，而非任何公民共享的更深層次的終極目的感之間達成寬鬆的重疊共識。

公共理性在現代民主政治實踐中的地位和作用主要體現在，當公民表達自己的政治立場或者在圍繞根本性的政治問題展開論辯時，要訴諸於政治正義觀念所表達的政治價值，唯其如此才有可能在信奉不同完備性學說的公民之間達到相互理解和民主寬容的政治狀態。因為在現代民主政治體制內，「理性多元主義」這一基本的事實使得任何訴諸自己所信奉的完備性學說為自己的政治立場進行辯護的做法成為可疑，根本不能合理地期待獲得信奉不同完備性學說的其他公民的理解和認可。羅爾斯建構公共理性的動機就在於試圖重新闡釋民主社會公民之間的政治關係，並且為由於信奉不同的完備性學說和觀念而處於分裂狀態的公民之間的相互理解提供一個可能的基礎。就像羅爾斯指出的那樣，在現代民主社會中，「公民們認識到，以那些不可調和的完備性學說為基礎，他們相互之間是不可能達成一致的，甚至連達到相互理解都不可能」[81]。透過

81　John Rawls: Political Liberalism, Columbia University Press, 2001, P574

第四章　作為一種政治建構論的公共理性

反思人類歷史過程中的政治實踐和政治現實，羅爾斯期望從一種嶄新的視角重新塑造現代民主社會公民之間的政治關係，這種理論抱負在他所做的一段表白中得到了清晰的呈現。他曾經寫道：「本世紀的多場戰爭以其極端的殘暴和不斷增長的破壞性——在希特勒的種族滅絕的狂熱罪行中達到頂峰——以一種尖銳的方式提出了這樣一個問題：政治關係是否必須只受權力和強制的支配？如果說，一種使權力服從其目的的合乎理性的正義社會不可能出現，而人民普遍無道德的話，那麼，人們可能會以康德的口吻發問：人類生活在這個地球上是否還有價值？」[82] 當然，我們對公共理性的期待也不能過於理想化，以為只要所有的公民出於公共理性的動機並按照公共理性去行動，就總能夠解決一切政治問題並達成一致意見。在羅爾斯看來，事實並非如此，公共理性並不妄想一勞永逸地解決所有政治問題，意見的分歧和觀點的差異並不是人類政治生活的不幸，相反，它是政治實踐過程中的正常狀況。只要分歧和差異是在遵循公共理性的基礎上做出的，那麼公民之間相互尊重和民主寬容的政治關係就能夠更好地得到發展和維持。正如羅爾斯指出的那樣：「公共理性並不能經常導致各種觀點的普遍一致，它也不應如此。公民們在各

82　John Rawls: Political Liberalism, Columbia University Press, 1996, plxii

128

種觀點的衝突和論證中學習並從中獲益，而當他們遵循公
共理性來進行時，他們也就了解和深化了社會的公共文
化。」[83]

▌第四節　公共理性與現代民主

在簡單地說明了現代民主的基本狀況和公共理性的建
構之後，我們可以進一步對公共理性和現代民主兩者之間
的關係做出更具體的說明，這樣我們就能夠更深入地領會
羅爾斯公共理性思想的基本意圖。按照羅爾斯的理解，
「公共理性的觀念屬於秩序良好的憲政民主社會的一種構
想。公共理性的形式和內容，即它為公民所理解的方式以
及它理解公民之間政治關係的方式，是民主觀念自身的組
成部分」[84]。可見，公共理性是內在於現代民主的範疇，
它屬於現代民主社會自身的一種建構，其目的在於重新理
解和規範民主社會公民之間的政治關係。在民主政治實踐
中，公共理性的具體運用表現在公民圍繞根本性政治問題
進行的爭論和對話必須根據政治正義觀念所表達的政治價
值來論證自己的觀點和態度。正是因為公民的政治行動不
是從自己所信奉的完備性學說出發，而是根據能夠合理地
期待其他自由和平等的公民認可的政治正義觀念，所以公

83　John Rawls: Political Liberalism, Columbia University Press, 1996, plvii
84　John Rawls: Political Liberalism, Columbia University Press, 2001, P573

第四章　作為一種政治建構論的公共理性

共理性所表達的就是公民之間相互尊重和民主寬容的政治
關係。因此，那種把公民之間的政治關係規定為朋友與敵
人之間的關係，或者把政治活動看作是為實現某種學說而
抗爭的觀念，都是與公共理性的觀念背道而馳的。

　　在現代民主社會，公民從公共理性出發並按照公共理
性去行動能夠為民主政治的健康有序運作提供可靠的保
障。我們或許會問，既然公民在民主社會的政治實踐中遵
循公共理性的要求，公民相互之間依然存在著分歧而不能
達到普遍一致，那麼我們為什麼還要特別強調公共理性在
政治生活當中的作用呢？的確，即使公民的政治行動是
在公共理性的基礎上做出的，也不是總能夠形成普遍一致
的觀點，分歧和差異仍然會繼續存在，「不能期望出現普
遍一致的觀點。合理的政治正義觀念並不總是能夠導致相
同的結論；堅持相同政治觀念的公民在個別問題上也往往
存在分歧」[85]。但是，民主社會中的公民在政治行動中承
諾公共理性的要求，其意義並不在於試圖實現觀點上的普
遍一致，它所要表達的是一種相互性準則的觀念。相互性
準則所體現的精神是公民相互之間把自己看作是自由和平
等的，而不是被支配、被操縱或者是處在一種受壓迫的較
低政治地位和社會地位。正如羅爾斯所說的那樣：「公民

85　John Rawls: Political Liberalism, Columbia University Press, 2001, P605-606

透過辯論和爭論可以提高認識並從中獲益。並且只要公民在爭論過程中遵循公共理性，即使不能達到一致，爭論本身也能造成傳播社會政治文化的作用，並且能夠增進相互間的理解。」[86] 因此，如果公民的政治行動是從自己所信奉的完備性學說出發，那麼這種做法在別的公民看來就是試圖透過政治權力把自己的學說強加給他人而已，就很容易在公民之間投下相互懷疑的陰影，難以形成相互尊重的政治關係，「沒有公民對公共理性的忠誠及其對公民性職責的尊重，各種學說在表達自己的主張時，他們相互間自然就會出現分野和敵意。……一旦公民不再關注公共理性的承諾並開始忽視公共理性，他們就很容易產生怨恨和不滿」[87]。

考慮到當代社會政治生活的複雜性以及政治理性發展的不平衡性，羅爾斯設計了三種不同政治狀態下的公共理性發生作用的方式。第一種情況是，當社會處於秩序良好狀態時，社會成員堅信有一種堅實的合乎理性的學說的重疊共識存在，他們能夠熟稔這種政治觀念的價值，同時也十分尊重這種公共理性的理想，人們也能夠以清醒明確的方式來尊重公共理性，「只求助於政治價值，乃是公民尊重公共理性的理想並履行其公民義務的明顯的和最有效

86　John Rawls: Political Liberalism, Columbia University Press, 2001, P607
87　John Rawls: Political Liberalism, Columbia University Press, 2001, P620

的方式」[88]。羅爾斯在《正義論》中設想這種秩序良好的
社會是一個穩定的、在道德信念上相當同質的、對什麼
是「好的生活」有廣泛共識的社會，然而現代民主社會卻
是一個合理價值多元的社會，它具有一種互不相容又合理
的多種完備性學說並存的多元化特徵，基於這種理性多元
論，人們需要確認一種在正義問題方面的共識而且這種共
識也只能是一種重疊共識。第二種情況是，在一個接近於
秩序良好的社會時，人們對正義的原則可能存在嚴重的爭
議，具有不同信仰的人們可能會懷疑對方對根本政治價值
的忠誠。出現這種情況，羅爾斯建議訴諸於公共論壇，在
公共論壇上尋求重疊共識，這種重疊共識的達成將強化人
們的相互信任和公共信心。最後一種情況是，在一個秩序
紊亂的社會狀態下，公共理性出現危機甚至對憲法的根本
內容也存在著深刻的分歧。如美國的南北戰爭和廢奴運動
時期，廢奴主義者宣稱南方奴隸制度違反了上帝的法則，
因而廢奴運動是實現秩序良好和正義的社會最佳方式。儘
管這種訴諸於宗教形式在現在看來是非理性的，是一種回
到以宗教完備性學說中來尋找理由的階段，但在當時，求
助於這些完備性學說是必然的。在此情況下，公共理性的
理想體現了包容性觀念，即允許公民在某些境況下提出他

88　John Rawls: Political Liberalism, Columbia University Press, 1996, P248

們認為是根植於他們完備性學說的政治價值基礎。

　　捍衛憲政民主體制及其所體現的基本的政治價值是羅爾斯政治哲學的出發點。在現代民主社會中，公民分化為不同的社會組織和群體，各個組織和群體都有自己所信奉的宗教性的和非宗教性的完備性學說。羅爾斯反覆強調，公共理性所包含的政治價值和推理規則不直接運用存在於民主社會內部的組織和群體。各種社會群體所信奉的學說屬於市民社會文化的範圍，公共理性則屬於民主社會公共政治文化的領域。公共理性雖然不直接應用於社會群體的內部生活，但是公共理性所承載的基本政治價值卻間接地對所有社會群體施加特定的限制，目的在於保障一切社會成員的基本自由和權利。正如羅爾斯指出的那樣，「公共理性觀念的核心在於，除非某種學說達到了與公共理性及民主政體的基礎不相匹配的程度，無論是宗教性的還是非宗教性的完備性學說，公共理性對於任何一種學說既不進行批判也不加以攻擊」[89]。這同時也就表明了，公共領域和非公共領域之間並不存在一條涇渭分明的界線，相反，在現代民主社會中，不同領域之間的區分是政治正義原則調節和規範社會生活的一種結果。

　　為了更明確地理解在羅爾斯的意義上公共理性與現代

89　John Rawls: Political Liberalism, Columbia University Press, 2001, P574

第四章 作為一種政治建構論的公共理性

民主社會兩者之間的相互歸屬關係，值得注意的一點是弄清楚羅爾斯對啟蒙理性的態度。按照羅爾斯的看法，歐洲啟蒙運動時期所倡導的那種理性形式在推動西方社會的民主化過程中有著不可替代的作用，啟蒙理性所宣揚的自由和平等精神也隨著民主社會的誕生而成為自由社會的一種重要的政治價值。但是，並不能因為啟蒙理性在民主社會形成過程中的重要作用就把公共理性與啟蒙理性混為一談。在羅爾斯看來，啟蒙理性連同建立在其基礎上的啟蒙自由主義隸屬於一種完備性學說的範圍，在整個啟蒙運動時期，啟蒙理性對一切宗教性學說曾經進行過不遺餘力的攻擊和批判。因此，就羅爾斯對公共理性這一概念的使用而言，它與啟蒙理性及其所倡導的價值並非隸屬於同一個範疇，甚至是相互反對的，「政治自由主義明顯有別於、並反對啟蒙自由主義。啟蒙自由主義在歷史上曾對傳統基督教發動過攻擊」[90] 羅爾斯對公共理性這一概念的使用，是基於公共理性屬於現代民主社會自身的一種建構，目的在於重新理解和規定民主社會中公民之間政治關係，並為政治話語的正當性證明提供可能的基礎。換言之，公共理性是現代民主社會用以證明政治權力正當性運用的一種方式，是民主社會本身的一種內在要求。正如羅爾斯指出的

90　哈佛燕京學社、三聯書店主編：《公共理性與現代學術》，三聯書店，2000 年，第 12 頁。

那樣:「在貴族政體和獨裁政體中,當人們考慮到社會善時,不是透過公共理性的方式來考慮社會善的,而是透過統治者來考慮社會善的。公共理性是民主國家的基本特徵。」[91] 總之,羅爾斯建構公共理性的意圖在於不斷地形成並保持民主社會公民之間相互尊重和民主寬容的政治關係,不同社會群體的利益要求在公共理性的基礎上能夠得到合理的表達,公共政治文化本身也能夠不斷地獲得生機和活力。

---

91 John Rawls: Political Liberalism, Columbia University Press, 1996, P213

第四章　作為一種政治建構論的公共理性

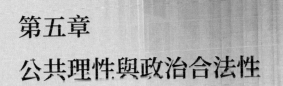

第五章
公共理性與政治合法性

第五章　公共理性與政治合法性

　　從某種意義上說，共同生活在一起的人們都會面臨著合法性這樣一個問題，因為共同生活在一起的人們都需要某種形式的規範來引導和制約共同體中每一個人的行為，並且規範本身不可避免地會遇到自身的合法性和正當性問題。人們總是會去追問規範自身的形成和來源，這種追問本身涉及的恰恰就是我們這裡所說的合法性與正當性問題，尤其是隨著社會分工和複雜化程度的提高並且在社會中形成了專門進行管理和統治的階層之後，政治合法性問題也將變得更加地突出和迫切。我們可以說，一部社會政治生活的發展史就是一部政治合法性證明不斷轉換的歷史。在轉換過程中，每種合法性證明總會表現出鮮明的時代特徵和自己的個性特徵。同樣確定無疑的是，一定時期的思維方式和社會發展歷史特徵必然會影響甚至決定著此時期人們提供合法性證明的形式和方式，也提供著合法性證明所需要的正義觀念的基礎。從一種嚴格的意義上說，政治合法性與政治正當性兩者所指向的層面並非完全一致，一般而言，政治正當性與政治合法性相比涉及的是更為基本的深層次問題，政治合法性按其通常的理解僅僅與人們的外在行為是否符合既定的規範相關，政治正當性則與規範本身是否具有正當性或正義性相關。當然，如果我們承認存在著自然法或理性命令之類的事物，並由此來判

斷政治規範本身是否正當，那麼政治正當性最終還是可以歸結為政治合法性的範圍。在整個西方政治思想的發展歷史進程中，不同時代的政治思想家都對合法性問題做過相應的思考和分析，筆者在這裡要做的並不是對這些存在於思想史上的關於合法性問題的不同流派和觀點進行細緻的、分門別類的梳理，而是透過一種理想類型化的方式，對人類思想史出現的關於合法性問題的思考進行某種粗略的說明。筆者採用這種考察方式主要是以德國實證主義哲學家孔德關於人類精神發展的三個階段作為根據的。按照孔德的理解，人類精神的演進過程相繼經歷了神學、形而上學和實證科學三個不同的階段，每一個階段都形成了占主導地位的思維方式和精神類型。筆者認為，雖然人們會對這三種不同精神類型的歷史分期以及它們之間的交叉關係的認識存在某種分歧，但是就其對人類精神所做的一種類型上的描述而言，還是具有相當的合理性的。與此相應，筆者把政治合法性的類型也分為三種，暫且把它們分別稱為古典時代的政治合法性證明、啟蒙時代的政治合法性證明以及實證科學時代的政治合法性證明。

另外，現時代的人類生存狀況使得人們很容易把人類遭遇到的不幸和苦難看作是啟蒙運動所崇尚的人類理性導致的必然後果，理性從來沒有像現在這樣受到普遍的冷遇

和嘲弄，受到來自各種力量的進攻和侵蝕，以至於把倡導理性看作是一種令人害羞的頭腦糊塗和迂腐不堪，曾經讓人類深感自豪並由此超越於其它動物之上的理性能力，現在似乎成了一切深重災難的罪魁禍首。人類還能夠依靠理性並且相信它可以讓我們從困境中走出來嗎？對於人類而言，除了正確地運用我們自己的理性之外，我們還有別的什麼東西可以期待嗎？也許存在於人類現實生活和思想活動當中的謬誤和狂熱，就像德國古典哲學家康德所說的那樣只不過是人類理性在其運用方面的越界和迷失罷了。具體地說，這種越界和迷失表現為：理性的理論運用跨越可能經驗的界限而伸入到超驗的領域，而理性的實踐運用則超越其先驗的領域而進入到人類現實的經驗生活當中。正是理性在其運用方面的錯位，導致了存在於人類生活中的各種各樣的錯誤和壓制。因此，康德主張一種理性批判的先驗哲學，藉此弄清楚人類理性在其運用方面的範圍和界限。康德對待人類理性的方式和態度，使得我們有可能重新返回到對理性的一種比較全面的理解和把握。這同時也就為在現代社會條件下思考政治合法性問題建構一種理性的基礎成為可能，我們在這裡著重要考察的是羅爾斯在處理政治合法性問題時對理性所做出的理解。

▌第一節　政治合法性的形式

　　政治合法性是任何形式的政治理論都必須面對的一個主題，一種政治理論所主張的社會政治組織形式通常與它對政治合法性的理解相關。同時，對政治合法性問題的思考及其表現形式，總是和一定歷史時期社會發展的狀況和人類思維的發展水準緊密連繫在一起的。根據這一特點，我們大致劃分出政治合法性的幾種表現形式。

一、古典時代的政治合法性

　　人們構造合法性證明的方式是受其思維水準的限制的。在古代，人們的思維已經具有了抽象的能力，但是這種能力還處於較低的發展水準，遠未達到純粹邏輯思維的水準，還處在從表象思維或前邏輯思維向概念思維或邏輯思維的過渡階段。因此在思維中，理性的東西與感性的東西、一般與個別、共相與殊相還難解難分地糾纏在一起。人們已經能夠在某種程度上意識到個別事物中共同的東西、殊相中的共相，但又不能夠將其用純粹的概念表達出來，而只能借助於某種感性表象來表達。在古代，由於還沒有充分發展的純粹思維能力，人們還沒有形成關於世界本原的統一性看法，因此存在著多種世界本原，人們還不能說服他人相信自己所主張的本原。

第五章　公共理性與政治合法性

　　從這種直觀性的表象思維出發，統治者為了論證自己統治的合法性，透過講述神話和英雄故事，借助這些具體的、有著人的形象的諸神和英雄所營造的秩序，或者宣稱自己是神或英雄的後裔，有資格繼續保持這種秩序；或者直接要求按照這種神界的秩序來規範人間的秩序。而人們在統治者的宣傳下，同時也受到自己直觀思維能力的影響，逐漸相信了這種神話和英雄傳說，並且嚴守著由這些神話和傳說所規範的各種關係。這樣，一定的政治秩序就透過神話和傳說獲得了自己的合法性。例如在古希臘，《荷馬史詩》中就描繪了這樣一幅眾神與英雄的圖景。荷馬世界的秩序是一套等級秩序，無論是神界、人界和自然界，都遵循著同樣的等級原則。宙斯是地上的最高統治者，諸神都要聽命於他，在神之間存在著等級和分工。這種神的階層也反映在人的階層和英雄的階層之中，守護神在奧林帕斯的階層愈高，或守護神與某個舉足輕重的神的關係愈好，一個英雄活命的機會就愈大。在人的世界裡，不僅大人物之間有著某種高下次序，戰士之間也同樣有一套複雜的尊卑秩序。每個神、每個人以及每個自然事件在這套圖式中都有其位置，這套圖式也解釋所有需要解釋的事。在這樣的秩序中，妥善的人生在於依照你的身分地位的要求與他人身分地位的要求，給他人應得的對待。透過

塑造宙斯諸神和阿喀琉斯等英雄形象，統治者們建立起了一種通用於神界和人界的等級秩序，從而證明了自己統治人民的合法性。而《荷馬史詩》的廣泛流傳和人民對諸神的崇拜、對英雄的讚頌也意味著這種等級秩序得到了人民的認可。這樣，古希臘的統治者以神話和傳說等具有表象思維特徵的方式證明了自己的合法性。

隨著人類認識能力的發展，其綜合性有了進一步的提高，雖然依然停留在直觀的表象思維階段，還不能用純粹抽象的概念來表達這種共相或本原，但這種表象的對象已由多元向一元慢慢轉變，對世界的統一性有了更深刻的認識。統治階級從這種思維方式出發，改變了過去的泛神論宣傳，而代之以一神論。他們宣稱，現在眾神隱退，一個唯一的、至高無上的、具有無限權力和智慧的全知、全能的神 —— 上帝開始掌管眾生，上帝用七天時間造好了人類世界，並規定了人世間一切關係的法則，每個人都是上帝的子民，都要聽命於上帝的指示。而君主是上帝在人間的代理人，他代替上帝管理塵世間的一切，人民要聽從君主的統治，如若不從，會受到上帝的懲罰，即使此生沒有

遭到報應，來世也會遭到報應的。因此，服從是人民的美德，每個人在自己所處的位置上盡好自己的本份是自己對上帝應盡的義務。透過這種君權神授說，君主論證了自己統治的合法性，即其統治是基於神意的統治。而此時的民眾，受其認識水準的侷限，不能自發地進行深刻的反思和批判，反而真誠地相信了上帝創世說和君權神授論。可以說，以直觀思維或形象思維為主的古代和中世紀，透過塑造神的形象來進行合法性證明是統治階級最主要的手段，並且獲得了極大的成功。

二、啟蒙時代的政治合法性

到了近代，人類的抽象思維能力有了進一步的提高，這時候，人類思維能力不再停留在形象思維的水準、僅僅依靠對感性表象的直覺去獲取對世界的認識。人類開始運用抽象的概念，以邏輯的方式去系統地表達他對世界統一性的認識。概念、判斷、推理、演繹、歸納、三段論等思維方式發展起來，人們透過運用這些邏輯思維形式，建構起一個個完整的解釋體系。不同的解釋體系從各自的邏輯起點出發，提供對世界的不同理解。透過文藝復興、宗教改革和啟蒙運動，這種理性主義的思維方式迅速發展起來。這時候的人類，有了自我意識，並且相信這種意識能力的強大，如笛卡爾的「我思故我在」、培根的「知識就

是力量」的命題就是明證。全知、全能的上帝在人類理性的審判前失去了存在的合法性，人類不再相信神，不再認為自己在大自然面前是軟弱無力的，轉而相信自己，相信自己的理性能力能引領自己揭開大自然神祕的面紗。一種對理性的信奉態度占據了當時人們思維的中心。

　　這種理性主義的態度具有的基本特點是，除了理性的權威之外，不服從任何其他的權威，對任何既定的觀點、習性或信念，不管它多麼的根深蒂固和廣為接受，也要用理性去衡量，讓其接受理性的審判；而對任何理性所肯定的事物、行動或價值，則從不懷疑。並且這種理性對於全人類來說都是共同的，理性思考的力量也是普遍的，人類有著相同的理性，運用理性會獲得相同的判斷。人們普遍相信透過對自己所擁有的理性能力的自由運用，最終定能發現關於世界本質的普遍的和終極的真理。這是因為：首先，真理對每個人來說都是相同的；其次，理性是所有人類的一種共享能力；最後，好的推理標準是普遍的。這樣，只要一個人運用正確的推理方法和科學方法，那麼他所得出的結論必然是真實的和有效的，而他的結論對於所有人來說也是必然真實和有效的。這種關於理性運用和真理尋求的一般觀點在當時的絕大多數人看來，不僅適用於自然科學，而且也同樣適用於社會科學、政治哲學、倫

理學和社會政策等諸多領域。許多人相信，人類理性的自由運用能夠產生政治和道德觀點的一致，因為好的推理對於每個人來說都是一樣的，那麼經過理性證明的道德觀念、政治觀念也將適用於每個人。在這種理性思維的指導下，人類期望著去發現關於自然、人類社會、道德和政治等各個領域的普遍規律或絕對真理，並且堅信這是能夠實現的。

　　理性在其前期主要是作為一種批判的力量和武器而出現的，人類主要借助它來反對基督教神學及其黑暗的統治，破除對神祕力量的迷信，使人類自身重新成為自己關注的中心。同時，理性也被當作一種開創世界的力量，依靠科學、尤其是自然科學等理性方式，人類取得了改造世界前所未有的成就。與這種批判的理性觀相適應，政治秩序的統治者不再把自己打扮為上帝的兒子或代理人，而是提出了一種以人類理性選擇為依據的社會契約論，宣稱人類開始處於一種「自然狀態」，由於私有財產的出現，為了保障自己的財產和生命不受侵犯，人們不得不經過共同商議，決定讓渡自己的一部分（以至全部）權利以組成一個公共管理機構，這個機構擁有強制力量，能夠對侵犯人們生命或財產的人做出制裁，這就是國家的最初起源，它是人們運用自己的理性能力進行選擇和決定的結果，個

人因此有義務服從這個機構。透過對政治秩序的這種契約
論說明，統治者獲得了自己的合法性。而人民也相信政府
確實是自己先人理性選擇的結果，並且自己也具有這種理
性能力，能夠自主決定是繼續支持還是推翻這種統治。總
的來說，理性提供了此階段政治秩序的合法性基礎，對理
性的服從也就是遵循正義的標準，它具有進步和解放的
意義。

　　在理性的世界觀成為一種占支配地位的思想潮流之
後，理性不再主要是一種批判的武器，而主要是作為一種
認識和解決自然、社會問題的手段與方法而出現，它的目
標就是獲得對世界統一性的認識和絕對知識、普遍真理，
根據此種知識和真理去指導實際行為，改造世界，效率、
功用成為理性活動唯一的目標，理性打上技術化、工具化
的烙印。這也就是我們今天所講的工具理性、技術理性，
它抹去了理性傳統中那種理想主義的氣質，不再追求統一
的、終極的、形而上的理想，而是把注意力更多地集中
到改造世界的實踐中，集中到以各種手段更好地實現預期
的目標中。至於該種手段是否違背了人類的道德良知或是
基本的倫理準則，則不是理性主義者所關注的問題。技術
化、程式化、工具化成為這一時期人類理性的主要特徵，
人文主義的、理想的、價值的等特徵退出了大部分人的視

野，這種理性主義思維運用到政治領域中，就表現為一種
政治的理性主義，其基本信條就是相信「開放的心靈可以
祛除偏見、遺俗和習慣；同時，未受汙染的人類理性可以
給政治活動以絕對正確的引導；並且，相信理性的技術和
操作的觀念」[92] 建立在這種信條基礎上的公共行政管理和
社會治理也打上了理性主義的特徵，具有某種「工程師性
質」，主張把社會作為一個工程來管理。統治者相信依靠
自己的理性可以制定出一個完美的社會發展計劃，然後可
以把此計劃分成若干個小的項目，每個項目指定特定的人
來進行監督和管理，按照每一項目所需要的人員、技術、
物資等又可把此項目分成更小的部分，並落實到具體的人
員身上，要求他們嚴格按照這一工程所需要的技術標準來
完成施工。政府是這一大工程的總設計師，提出規劃和藍
圖，然後按照這一規劃對員工進行嚴格的專業分工，在縱
向上分成若干個層級，在每個層級，又分成若干個不同的
部門，下級要堅決服從和執行上級的命令，不同部門之
間、同一部門的不同人員之間要通力合作，以最終完美地
完成這一社會工程。這種理性化、科層化的管理制度，是
政府努力適應人類理性的技術化轉變而提出來的，符合這
一時期人們的理性觀念，人們相信，政府就應該以這樣的

92　哈佛燕京學社、三聯書店主編：《理性主義及其限制》，三聯書店，2003 年，
　　第 111 頁。

特徵來管理公共事務。這樣，政治秩序再一次獲得了自己
的合法性。

　　理性所提供的集中的統一的政治秩序，在契約論時期
還處在草創階段。在這個時期，國家還處在社會的影響之
下，在社會與國家之間存在著一個批判的、富有獨立精神
的公共領域，它是國家與社會緊張關係的緩衝帶，國家與
社會透過這一領域實現有效的溝通。但是，隨著理性化秩
序的擴張，公共領域不斷萎縮，與之相應的則是國家不斷
擴張自己的影響範圍，國家與社會之間的界限不斷被壓
縮。國家的社會化，社會的國家化使國家越來越成為一種
社會的支配力量。國家不斷地制定各種雄心勃勃的「烏托
邦計劃」和宏大的「社會工程規劃」，並透過自己的組織
化力量去保障這些工程的執行，國家日益侵入社會生活，
行政系統不斷地干預著經濟系統和文化系統，它不僅擔負
著維持社會秩序、保證市場競爭的有序進行的「守夜人」
角色，而且還承擔起了調節財富分配、保證相對公平和補
償弱勢群體的福利職能。另一方面，為了維護自己的這種
統治地位，國家努力地滲透到社會的公共文化生活中去，
把自己打扮成人民利益的忠實代表，宣稱自己的一切社會
干預計劃或政策都是為了更好地實現所有人的福利，從而
把社會文化引導到一種以國家全面控製為基礎的福利主義

方向上去。與此同時，公民的理性以一種世俗化的形式表現出來，理性改造世界的成功表現為產品的極大豐富，在市場經濟條件下，這種產品就是「商品」，因此對理性的崇拜被轉換為一種對「物」的崇拜、對商品的崇拜、對金錢的崇拜，公共文化也打上了這種商品化、物化的烙印，以一種世俗文化和消費文化的形式獲得了發展。國家利用這種消費文化心理，把批判的文化領域變成了一個製造「文化工業」的領域，各種低級的、庸俗的、迎合大眾趣味的世俗文化代替了過去那種極富批判性和反思性的文化，崇高的理想在這裡失落，批判的精神被遺忘，整個公共文化領域呈現出一種貧困和異化的狀態。

　　在國家不斷社會化的過程中，社會也出現了向國家權力靠攏的傾向。由於 19 世紀末期自由資本主義向壟斷資本主義的方向過渡，理性化的大公司和壟斷集團依靠其雄厚的經濟實力控制著社會生活的大部分資源，分散的個人根本無法與之抗衡，為了抵抗這種集中化的力量，個人不得不求助於政治系統，試圖以政府的強力來保障自己獲得公平的競爭權利；或者組織起政治集團，透過集團、政府和公司之間的討價還價來訂立某種協議，保護自己的權利，而國家在這一過程中獲得了更多的權力。在這個國家權力不斷擴張的過程中，原來那種獨立的公共領域發生了萎

縮，國家與社會、公共與私人之間的區別日益模糊，國家
演變為一個鯨吞一切的「利維坦」，其極致就是集權國家
的出現。這種支撐集權國家的人類理性也就是我們通常意
義上所指的那種「現代性」，它指的是人類社會的政治、
經濟、軍事和科技從落後狀態向先進狀態轉變，傳統的農
業社會向工業化、城市化轉變的過程，這一概念並不僅僅
是技術性的指標，不僅僅是民族國家和官僚體制的形成，
而且還意味著一種目的論的歷史觀和世界觀，一種把自己
的社會實踐理解為通達這一終極目標的途徑的思維方式。
這種現代性意義上的人類理性為民族國家發展到集權制國
家提供了合法性基礎。

三、現代政治合法性及其危機

　　啟蒙以來的這種理性化努力，從根本上說就是將人從
上帝的無所不包的意志和對大自然的曖昧主義情感下解放
出來，使人依據理性，把握規律，科學組織，從自然中要
資源，從市場中要效益。當代保守主義思想家貝爾指出：
「這是一個調度和編排程式的世界，部件準時彙總，加以
組裝。這是一個協作的世界，人、材料、市場，為了生
產和分配商品而緊密地結合在一起。這是一個組織的世
界 —— 等級和官僚體制的世界 —— 人的待遇跟物件沒有

什麼不同，因為在工作中協調物件比協調人更容易。」[93]
一個統一的、有組織的、層次清晰的理性化秩序支配著整個世界。人們認為，理性的正確運用可以發現各個領域的普遍真理，理性的能力是無窮的。對人類理性的這種崇拜為近代以來的政治制度提供了較之神話和上帝科學得多的新的合法性基礎。但是，隨著科學和人類社會的不斷發展，對理性的這種絕對主義信仰受到了嚴重的挑戰。

　　一個極大的挑戰是由科學本身的發展所提出來的。我們知道，17、18 世紀的人們對科學充滿了信心和激情，認為科學能夠發現支配世界的普遍規律，牛頓力學是這種科學觀的典範，但是隨著愛因斯坦相對論的提出和確立，牛頓理論在宏觀和微觀領域的地位受到了嚴重動搖。同時，在天文學、地質學、化學等領域的一些新發現也導致一系列新理論的提出，人們對理性探尋普遍真理的信心產生了懷疑，紛紛質疑理性還能否具有啟蒙時代的統一性的能力。另外，在歐洲航海探險中所發現的不同文化類型也是對普遍主義理性的一大挑戰。探險家們在航行中所遇到的愛斯基摩人的文化震驚了歐洲人，因為在這種文化中，一個母親可以殺死自己剛出生的嬰兒，特別是女嬰，而她的行為卻不會遭到該社群其他成員的譴責或處罰；愛斯基摩

93　貝爾：《資本主義文化矛盾》，趙一凡等譯，三聯書店，1989 年，第 198 頁。

人還把年老的、生病的族人留在雪地裡凍死；男人們會和
客人分享自己的妻子，上層男性可以對別人的妻子提出性
要求。這些文化禮儀完全相異於當時的歐洲文化，但在愛
斯基摩人眼裡卻是完全合理的、正當的。這種相異的文化
引起學者們的思索和爭議，一些人認為這是一種原始的、
未開化的文化，只有歐洲的理性主義文化才是一種文明人
應該擁有的文化。但也有一些學者認為這兩種文化類型之
間並不存在重大的實質性差異，每種文化都是為了在特定
條件下保護其人民的生存或是提升其生存福利，這是人類
的共同理性和共同道德原理，有差異的只是具體的實踐方
式。因而有人提出文化相對主義的觀念，認為每一種文化
的規則和標準只適用於該種文化的持有人，每種人在自身
所屬文化類型中都被認為是有理性的，在別的文化中則有
可能是非理性的，但不能把歐洲文化作為所有人行為的
標準。

　　在自然科學和人文社會領域的這種新動向的推動下，
人們開始反思自己的理性，反思過去對待理性的絕對主義
態度，並且展開了對理性主義的猛烈批判。這種批判可以
大致概括為兩個方面：一方面是從非理性的角度提出，反
對理性至上和理性萬能，認為靠理性思維或邏輯思維根本
無法把握事物本質和認識自我，理性認識只是一種表面

的、片面的、機械的認識，只能認識客觀物質，不能把握
人的本質和世界的本質。人類應該重視直覺、無意識、本
能、意志、情感、感覺和慾望等非理性因素的作用，把握
世界、揭示事物的本質和認識自我不能靠理性思維和邏輯
推理，而只能靠直覺、頓悟和體驗等非理性形式，只有這
些非理性因素才是人類認識和把握世界的基本方式。總的
來說，這種非理性主義具有如下一些共同特點：用一種非
理智的或理智不能理解的在場實體取代理智的或理智可以
理解的存在；用非理性的中心概念的建構取代理性概念的
建構；以對無意識本質狀態的發展取代意識的中心地位。
另外一種對理性主義的批判則是從反理性的立場來進行
的，認為理性是一種虛幻的力量，理性並不能使人類超越
自身的有限性去把握關於世界整體的普遍發展規律，甚至
不可能把握生生滅滅和不斷變化著的事物矛盾體，人所把
握到的只是一種假象。從這種反理性的觀念出發，它主張
消解一切中心，消解一切同一和統一性，打破一切秩序，
只留下一個差異、分裂、斷裂、模糊、散漫、反叛、曲
解、變形、多元、懷疑和相對主義的世界。這是一個以不
確定性為特徵，什麼都可以、但什麼都沒有意義的世界，
真理和價值在這裡缺失，結構和層次在這裡瓦解。

　　這種對理性的懷疑和批判態度也影響了政治生活，人

們不再對以理性主義為基礎的集權主義國家投以絕對的信
賴，而是紛紛以理性、非理性或反理性的方式對集權主義
發動進攻。公民們對政治失去了信心，紛紛逃避政治生
活，對公共事務表示出冷漠、不參與和不合作的態度，公
共利益、國家利益不再成為公民關注的中心，家庭、個
人情感、私人利益取代了它們的地位，個人退回到私人
領域；各種宗教的、民族的、種族的、經濟的或是其他的
衝突以異於往常的規模和頻率爆發出來，民族主義、分裂
主義和多元文化主義運動風起雲湧。公共政治權力不再能
有效地控制整個社會的生產和生活，一種失序、迷惘、懷
疑以及無所適從的心態占據了人們的心靈。由於對理性基
礎的懷疑和批判，政治秩序失去了獲得人們忠誠和支持的
基點。也就是說，人們不再能基於某種良好的信念或一定
的正義觀念來支持該政治秩序，在過去這種正義觀念是由
理性來提供和保障的，因而現代政治權力陷入了合法性危
機。這種危機能不能消除？理性還能不能再次充當起合法
性的基礎？如果能的話，它該以一種什麼樣的方式出現？
換句話說，我們該重建一種什麼樣的理性才能為當代的多
元主義政治秩序提供一種合法性證明。在具體對這些問題
考察之前，先讓我們看看應該如何全面地認識人類所具有
的理性能力。

▌第二節　重返理性

　　從以上對政治合法性問題的描述中，我們可以看到，理性在其演變的過程中越來越趨向於片面和極端，以至於理性對人類來說似乎變成了某種具有壓迫性的外在力量，理性成了某種讓人感到失落和厭惡的對象。然而，即便真的是這樣一種情況，這也並不是什麼壞事；相反，它為我們重新思考和把握理性提供了一種契機，因為我們除了憑藉理性來反思現代人類生存的處境之外，還能依靠別的什麼力量嗎？正如康德曾經指出過的那樣，想要透過理性來證明根本不存在什麼理性是荒謬的和不可思議的。那麼，我們如何才能對理性有一個比較全面的認識和理解呢？筆者認為理性至少具有以下幾個方面的特徵。

　　首先，理性是一種人類對世界統一性的認識能力。這其實就是康德意義上人類所具有的知性能力。理性最初的也是最常見的用法是被當作一種認識能力，人們經常用理性認識來指代理性，「有時，理性大體上是我們認識能力的一個代名詞；有時，它被賦予更有限的含義 —— 思想。動物也有知覺認識；事實上，某些動物有著比人更敏銳的感覺。但是，像人們所說的那樣，只有人才能達到認識的最高形式 —— 思想」[94] 這是人們對理性所作的最通

94　蘭德曼：《哲學人類學》，閻嘉譯，貴州人民出版社，2006 年，第 106 頁。

常的解釋，從對理性的認識的演變史來看，它也是逐漸由一種具有客觀特徵的普遍規律而演變為一種主體人所具有的認識世界、把握世界的能力。就是說，它主要是被理解為一種人對世界的認識能力、認識方式。這種能力是人與動物的分界線，是使人之所以為人的根本特徵，動物也會產生對世界的某種感知和心理，但是動物沒有抽象思維，不能把這種感知提升到概念的水準，不能用抽象的概念來表達它對世界的這種心理活動，雖然動物在一件事物面前可以表現出某種類似「選擇」的東西，但這種選擇並不是自我意識發生作用的結果，不是在意識到多種可能性情況下做出的真正的選擇，或者說仍是一種受自然必然性支配的本能適應活動。而人在語言的幫助下，不僅獲得了對自我的意識，還獲得了對對象世界的意識，形成了抽象的概念和範疇，並在運用語言的過程中獲得了對語言規則的認識。透過運用這些規則去組織概念和範疇，人們做出了一個個判斷和推理，從而加深了對世界和自我的認識。這種形成自我意識和對象意識並進行判斷和推理的過程，也就是人運用理性能力的過程。可以說，人的認識在本質上就是一個理性的過程，理性規定了認識的方向和任務，並提供了認識的手段和方法。但這並不是否認直覺、靈感、頓悟等非理性形式在人類的認識過程中的作用，這些非理性

認識不僅在一定程度上直接促成了科學中的新發現和發明，而且也往往是產生理性活動的誘因。人在慾望、本能和情感的驅使下，產生了某種行為和活動的意向性，這就是動機的萌芽，它促使人類為實現這種意向而運用理性能力。雖然如此，但直覺等非理性形式只存在於認識過程的某一環節中，它們在認識中的作用的實現要依賴於理性形式，人的靈感並不是「無中生有」，而是在多次理性認識所獲得的材料的基礎上才發生的。而且就是其所獲得的認識成果也需要借助邏輯的、理性的形式來進一步證明和完善。總的說來，理性是人類的一種認識能力，而不是上帝或神的某種神祕力量，它是人類認識的本質特徵。

作為人的一種認識能力，理性的目的是獲得對世界統一性的認識，不僅要認識外部世界的統一性，還要認識人自身的統一性。理性最初就是作為一種世界的始基、世界的本原出現的，後來它雖然改變了這種客觀化特徵，卻換之以主觀認識的形式繼續追求統一性。世界看起來如此氣象萬千，天空中有星辰，地上有河流山脈、花草樹木，而且這一切又都處在不斷的運動變化中，在不同的時期和不同的地點表現出不同的特徵；人本身也充滿了豐富的多樣性和複雜性，不同國籍、不同膚色、不同性別、講不同語言的多種多樣的人生活在這個地球上，呈現在人們面前的

是一幅錯綜複雜、變動不居的世界圖景。但人類深信，在這種紛繁複雜的現象背後，存在著一個最終的本原，世間的一切都可以從這一本原中推導出來、生髮出來，這一本原規定了世間的萬物、萬物之間的秩序和萬物演變的規律。尋找到這一本原，人類就可以把握整個世界。對世界統一性的這種尋求，起源於人類對自我同一性的認識和把握。在認識世界之前，「我」總會追問「我能認識世界嗎」或「我為什麼能認識世界」，然後再追問就會引出「我是什麼」的問題，就像笛卡爾式對「我思」的追問一樣，「我思」是無可懷疑的事實，意即思維是人的本質特徵，正是人的這種思維能力把人與別的存在物區別開來。這其實就是一種對人的同一性的把握。在這種尋求人的同一性的思維方式的影響下，人類也試圖以此種方式去認識世界，認為只要把握了世界的同一性，就可有效地認識萬物。但是，這種同一性並不是一種隨意的同一，不是那麼想當然地綜合一下或抽象一下就可以從事物中概括出來的。正像雅斯貝斯所說的，「理性追求統一，但它並不是單純地為統一而追求隨便哪種統一，而是追求一切真理全在其中的那個統一。這個統一是彷彿從無限遼遠的地方由理性給我們呈現出來的。彷彿是消除一切分裂的一股牽引力」，「理性彷彿是這樣的東西，它首先照亮各種各樣的

大全，然後防止它們的孤立，並且最後爭取一切樣態的大全的合而為一」[95] 這就是說，理性所追求的是聯合各種真理的同一，是在對世界各種現象正確認識基礎上的同一，「真」是其「同一」的前提。總之，理性的目標是尋求對世界統一性的認識，但它不否認世界多樣性的存在。相反，是以這種多樣性為基礎，「一」與「多」的關係始終是它關注的主題。

其次，理性是一種行動能力、指導實踐的能力。理性不只是一種單純的思辨，它內在地含著行動的意義。理性來源於人類對現實生活的思考，同時又反過來指導著人類的實踐，它不是為了認識而認識，而是為了實現人類對世界的改造和對自身的完善，最終實現人的自由全面發展而努力以抽象的思維去把握世界的同一性。人的行動如果沒有理性思維的指導，而是僅依靠本能來行動，那麼，人類不僅不能有效探索世界的奧祕、發現事物運動變化的規律，從而對世界和自身進行有效的改造，而且沒有理性的指導，人類根本就不可能形成積極行動的目標，制定周密的計劃以實現這一目標。人靠本能也能活著，也會有活著的目標，但僅僅只是活著，生存成了生命中唯一的動力，這樣的存在，與其說是人，不如說是操著語言的動物。人

95　雅斯貝斯：《生存哲學》，王玖興譯，上海譯文出版社，1994年，第52-53頁。

除了生存之外，還有更多更高級的目標與遠大理想，人總在尋求某種有意義的生活，精神的慰藉和自我實現的滿足感，都是人的生活中不可缺少的重要的東西，甚至在某種意義上可以說人是在為追求而追求，為理想而奮鬥。這種理想，不僅包括對整個人類命運的關懷，也有對國家、民族和社會前途的關心，即使只是限於個人的視野，也有對個人價值意義的追尋。這種關懷和追求，不是所謂的人類本能能夠把握和實現的，只有理性才具有這種功能。有人會懷疑，如果理性能夠提供所有的人生價值和意義，為什麼還會有人消極避世，轉而到宗教中去尋找心靈的慰藉呢？在宗教信仰中，理性似乎失去了它的地位，剩下的只是非理性的狂熱和崇拜。仔細分析這種傾向，我們可以發現，人之所以信神，是因為他對自己的理性的懷疑、對知識的懷疑、對科學的懷疑，他看不到理性在改造世界和改造人自身的活動中的強大力量，在野蠻和矇昧時代，人類由於還沒有自覺到自己的意識，不能正確地認識自然現象和人本身，因此其對神祕力量的崇拜是可以理解的。但在今天人類意識和理性思維有了極大發展和提高的情況下，人類應該依靠理性而不是非理性才可能取得更大的成功。這並不是說人不可以信神，這種信神的行為也是人類理性選擇的結果，我們只能說他選擇了神、放棄了理性，但這

種選擇恰是人類理性能動作用的結果，是理性指導他選擇了神。動物就不可能進行這種選擇，因為它們沒有理性的自覺。另外，就是現在的眾多宗教也是人類理性創造的結果，人在自己的思維中創造了神的影像，並發明了各種神人之間的規則，也是人類完善了各種宗教教義和信條，可以說，神的崇高地位建立在人的理性論證的堅實基礎上。所以我們說，理性改變了這個世界，它給我們提供了行動的指南、人生的意義，還有實現理想和價值的手段與方法。沒有理性，我們無法作為人存在。

理性雖然以抽象的思維形式存在，表現為一系列抽象的概念、判斷和推理，表現為人對世界和人自身的能動認識，但認識不是其最終的目的。人對現實生活的理性把握不只是一種觀念的把握，更是一種行動的把握，是要把理論化為現實的行動力量，改造世界、改造人自身，實現人的全面自由發展才是理性的根本目的。因此才有了人類在科學知識的指導下轟轟烈烈改造世界的活動，才有了新工具、新機器的發明，才有了生產力水準的提高和社會財富的增長，才有了人類綜合素質的改善和提高。所以說，理性內在地是一種行動的力量，它本身就包含了行動的意義。

再次，理性是一種批判能力。理性不只是一種簡單的

認識能力，它並不把自己當作一種可以一勞永逸地提出關
於世界的「普通真理」的僵化保守的力量，它最重要的一
個方面是具有反思和批判的特質。歷史在發展，社會在改
變，不同的時代特徵給人類理性提出了不同的課題，理性
需要以不同的方式、從不同的角度去把握世界的統一性，
並做出不同於以往的統一性說明。同時，理性也具有這種
發展的力量、創新的力量，理性本身的重要特徵之一就是
進行不斷的反思，它批判一切陳舊的東西，不僅批判現存
的秩序和事物的世界，而且批判人的世界、人的思想和行
為；不僅批判感性的盲目，也批判理性自身的自大。它不
承認世界存在著永恆的和普世性的真理，不認為世界現存
的一切都是不可改變的，而是主張真理是相對的，不同時
代、不同的地方的人們對世界的認識有可能存在差異，都
只能探索到關於世界普遍連繫的一部分知識，這種知識是
人類認識長河中的一個重要組成部分，後來者在現有知識
的基礎上能發現更多關於世界的真理。因此，理性認識本
身所達成的結論只具有相對的真理性，它需要被批判、被
揚棄才能形成關於世界的真的知識。在這一批判過程中，
理性並不放棄對世界統一性的追求，而是以一種更具有時
代感、使命感和責任感的態度來從事這種統一性的工作，
這才是真正的理性精神。康德曾經以他的《三大批判》給

第五章　公共理性與政治合法性

理性進行了定位，認為純粹理性（抽象思維）能力只能限定在現象界，它所認識到的只是世界的現象，至於萬物的本原或叫「物自體」則不是純粹理性所能認識的，只能由實踐理性來實現。無論人們怎麼看待康德對理性所做的劃界工作，但他畢竟提出了一個很正確的問題，就是理性不是萬能的，理性所達成的結論也不是正確無疑不可改變的，理性本身需要被批判。正是在理性的這種批判功能的指引下，人們不斷地反思過去的認識、過去的行為，期望在新的條件下以更合理的方式去實現對世界的認識和改造。理性本身也在這種不斷的批判過程中煥發出新貌，不僅表現出不同的形式，而且也具有不同的內容。

其實，無論是對理性進行貶斥而主張以非理性來取代理性，或是以一種批判的態度來看待理性而主張重建理性，都是人類理性能力的運用，沒有對理性的深刻反思，沒有理性反思功能的發揮，這種批判都是不可能完成的。人不可能依靠本能或衝動就想當然地意識到了現代理性主義的弊端，人的反叛也是在理性作用下形成的，沒有理性，人還能活著，但那已不是人，而是靠本能活著的動物。

最後，理性的最高目的是追求真、善、美的統一。理性作為人的一種認識能力，其目的是為了探索世界的同一

性和人自身的同一性。也就是說，要尋找世界發展變化的規律和人類社會歷史運動的規律，這種規律的尋求是以「真」為標準來衡量的。但人的認識是否具有客觀真理性不是一個純粹理論的問題，而是一個實踐的問題。人是在社會實踐的基礎上獲得和證實真理性認識的，因此，真理指的是主體在實踐基礎上獲得的反映事物客觀規律性、具有普遍可證實性的認識。它包括事實真理和邏輯真理兩個方面，事實真理是人在可重複性的實踐基礎上把握到的經驗事實內部的因果必然連繫，邏輯真理是運用概念、判斷和推理，遵循邏輯規則、可為邏輯所證明的真理。這兩種真理都具有客觀性、普遍性和必然性的特徵，都是人類理性認識的結果，也都植根於人類的現實生活與實踐。但是認識並不是理性的最終目的，人不是為了認識而認識，而是為了實踐，為了更好地改造世界與人自身而去認識。人的這種實踐活動是有一定的價值取同的，人總是在一定的理想和目標引導下從事自己的活動，這樣的理想和目標就是人對現實的超越，對可能性空間的嚮往和對美好未來的追求，理性總是指導著人類利用現實事物所提供的可能性空間創造超越現實世界的理想世界，從而使人類的現實行動充滿了意義，這就是理性的求善性。當然不能否認，在人的現實生活中，也存在著對不那麼美好的事物的追求、

對功利的追求甚至是對某種「惡」的踐行，但它們都不是真正以理性的態度來對待人生和人的實踐的。由於人的認識與實踐活動的不可分割性，致使理性對「真」的追求和對「善」的嚮往也是相互連繫、密不可分的，真與善的結合也就是合規律性與合目的性的統一，而實現這種統一，也就意味著我們達到了「美」的境界，實現了人與自然、人與人、人與自身之間的和諧統一。世間有萬物，萬物皆歸一，一切均有序，這就是理性所要追求的最高境界，一個真、善、美統一的世界。在一定的歷史階段和歷史地點，一定的人群或個人由於其理性的有限性，只能實現一定程度的真、善、美的結合，但是，這並不意味著理性不具備尋求統一的能力，在人類的歷史長河中，理性透過不斷的批判和反思、不斷地揚棄舊的獲取新的，使自己得到不斷的發展。

由此可以看到，理性並不只是人類所具有的用來認識自然和社會的工具，更重要的，理性是個人和社會健康發展的基礎和根據。「理性既是一種認知方式，又是一種生活態度，更是一種精神面貌。就認知方式而言，它注重的是將世界作主客對立式的把握，既重經驗，又重推理，而不是對世界愚昧無知，或僅僅停留於感官知覺上。就生活態度而言，它既注重社會倫理，也注重個體人格與利益，

或者說將二者作一理想的對待。就精神面貌而言，它注重
的是清醒、明智和積極向上，而不是狂熱、迷信或消極頹
廢。」[96]

▋第三節　以公共理性奠基的政治合法性

　　羅爾斯在闡述其政治合法性的過程中沒有放棄理性所
具有的基礎性作用，但是他同時也對理性進行了某種特定
的理解，這種特定的理解方式最明顯地表現在他對政治與
形而上學所做的區分當中，強調正義原則是政治的共識，
而不是形而上學的完備性真理。因為在完備性的學說看
來，任何一種觀念只要不符合從完備性學說出發對世界所
做的解釋，那麼它就必定是不真實的和錯誤的，羅爾斯認
為，一種完備性的學說即便是真實的，一旦作為論證政治
合法性的方式就必然會導致國家權力的壓迫性運用。從羅
爾斯對「判斷負擔」所做的說明中我們可以看到，人們即
便在充分地運用理性能力經過自由討論之後，也不是總能
夠達到相同的判斷。同時，作為個體的人所具有的兩種基
本的道德能力，使得個人在其成長的過程中必然會形成和
接受某種特定的學說，這種學說對於個人的自我理解活動
而言有著根本性的作用。因此，羅爾斯主張一種在世界觀

96　啟良：《西方文化概論》，花城出版社，1999 年，第 327 頁。

方面的理性多元論，並且進一步認為人類社會生活中世界
觀的這種多元論特徵是人類理性在自由制度下長期運用必
然產生的一種結果。很明顯，羅爾斯在這裡用合乎理性這
一術語代替了嚴格意義上的真理性概念，因為按照這種嚴
格意義上的真理性概念，不同的學說之間只可能有一種是
真實的，或者是沒有一種是真實的，雖然任何一種完備性
學說本身迫切地需要這種嚴格意義上的真理性標準。

　　判斷負擔的存在使得人們並不都認可相同的完備性學
說，因此，在對政治權力的運用進行合法性論證時，任何
特定的完備性學說就都不適合用來作為一種公共證明的基
礎。羅爾斯認為，對於堅持和信奉互不相同的完備性學說
的公民來說，一種恰當的、適合民主社會之內在要求的公
共證明之基礎只能是一種公民在恰當反思的層面上能夠認
可的政治正義觀念，只有在一種可能獲得自由和平等的公
民共同認可的政治正義觀念的基礎上，公民之間相互尊重
和民主寬容的政治關係才是可能的，否則政治的穩定很可
能就只是各種社會政治力量之間的妥協和平衡而已。這恰
恰是現代民主社會中普遍存在的政治冷淡和政治狂熱這兩
種極端現象的主要原因，建構一種以公民共同認可的政治
正義觀念為實質性內容的公共理性，才能有助於民主政治
的健康發展。當然，羅爾斯也承認，即使公民在公共討論

過程中遵循公共理性的要求，也並不總是能夠在所有的問題上都達成一致意見。但是，只要在公共討論過程中遵循公共理性的要求，這一事實本身就包含著公民之間互相將對方看作是具有平等政治地位的社會成員的友好願望，體現的是一種相互性的價值觀念。正如羅爾斯所指出的那樣：「政治自由主義不主張公共理性的理想應該總是導出普遍一致的觀點，也不認為不能導致普遍一致的觀點就是錯誤的。公民透過辯論和爭論可以提高認識並從中獲益。而當公民在論爭過程中遵從了公共理性，即便不能達成一致，論爭本身也能造成傳播社會政治文化的作用，並能夠增進彼此之間的理解。」[97] 在這裡我們可以更清楚地看到，羅爾斯為什麼把尋求一種恰當的公共理性觀念看作是當代民主社會所面臨的一個共同任務，按照羅爾斯對公共理性的理解，公共理性更多地指向民主社會中公民應當具有的一種民主精神和民主氣質，一種相互尊重的態度和民主寬容的行為方式。我們可以這樣說，民主政治的正常發展當然需要某種制度上的保障，同樣重要的是生活在民主制度下的人們如果不能形成一種崇尚民主的生活態度和相互尊重的文化氛圍，那麼民主政治就必然缺乏深厚的根基。人們也許會說，羅爾斯透過公共理性所要表達的東西最多不

---

97 哈佛燕京學社、三聯書店主編：《公共理性與現代學術》，三聯書店，2000年，第36-37頁。

169

過是一種道德說教而已，並不具有任何現實的意義，然而
事實並非如此，任何學說和觀念都內在地具有一種普遍化
的傾向，世界上沒有什麼事物是孤立存在的，任何一個事
物都會被納入到透過學說和觀念所做出的解釋的範圍之
內。換句話說，一個事物總是需要有它賴以成為其自身的
基礎和根據，民主政治也是如此，它不可能只是透過一種
單純的制度設置就能夠充分地建立起來。其實，羅爾斯並
不是說沒有一種以共識性的政治正義觀念作為其實質性內
容的公共理性就無法實現民主社會的政治穩定和統一；相
反，他想要表明的是民主政治可能具有的一種最合理的基
礎是什麼：「我從未設想過一種政治觀念的重疊共識是某
些類型的社會統一和社會穩定所必需的。相反我只說過，
如果具備另外兩個條件，這種共識就足以成為那種最適合
於我們社會統一的最合乎理性的基礎。」[98] 羅爾斯對公共
理性的重新闡釋使得他以一種不同於以往的方式來說明政
治合法性問題，如果說以往對政治合法性的說明只是侷限
於政治活動的公開性以及強調獲得大多數公民同意的重要
性，那麼，羅爾斯更注重民主社會中的公民在公共的政治
活動中應當遵循的、用以證明政治行動正當性的政治正義
觀念。換言之，在羅爾斯看來，政治合法性不僅僅指向政

98　John Rawls: Political Liberalism, Columbia University Press, 1996, P149

治活動的公開性，同時還要求參與到政治活動當中的公民
必須從共同的政治正義觀念出發進行公開的討論和論證，
而不是僅僅依賴公民個人所信奉的世界觀。羅爾斯認為，
只有具備了一種為所有公民認可的政治正義觀念，政治合
法性才可能有一個更深厚的基礎，如果參與公共政治生活
的公民只是從自己的信念出發來為自己的政治行動提供正
當性的辯護，那麼就很容易導致公民相互之間的懷疑和不
信任，以全於公民之間的政治爭論看起來好像是信奉不同
世界觀的公民為爭奪政治權力而展開的鬥爭。因此，羅爾
斯主張建構一種公共理性觀念，並以此作為公共討論的出
發點，只有這樣才能建立一種相互尊重和民主寬容的政治
關係，就是說公民相互尊重各自所擁有的道德價值觀念和
生活理想，但是在涉及公共的政治問題時，則必須從共同
認可的政治正義觀念出發來說明和論證自己的政治行動。
羅爾斯指出：「對於一般人來說，我們自己的學說沒有也
不能有任何超出他們自己觀點之外的特殊要求。我們同
意，那些認可不同於我們的學說的其他人也是有理性的，
且肯定不是非理性的。由於存在著許多合乎理性的學說，
所以，理性的理念並不要求我們或者他人去相信任何特殊
的合乎理性的學說，儘管我們可能會這樣做。」[99] 從這裡

99　John Rawls: Political Liberalism, Columbia University Press, 1996, P60

我們可以看到，羅爾斯已經不再是從一種工具性的意義上來對公共政治理性加以理解，關於這一點，我們已經在論述羅爾斯對理性與合理性的區分時有過更為具體的說明。同時，羅爾斯也不僅僅是從認識論的意義上過分地強調理性對真理的依賴性，而是更突出了人類理性所具有的實踐特徵，而這些顯然不同於羅爾斯在《正義論》中提出的正義理論對於理性的強烈要求。也就是說，羅爾斯在其早期的思想中仍然強調正義理論本身所應當具有的真理性要求。

　　羅爾斯的《正義論》中有一段常常被人引用的話：「正義是社會制度的首要價值，正像真理是思想體系的首要價值一樣。一種理論，無論它多麼精緻和簡潔，只要它不真實，就必須加以拒絕或修正；同樣，某些法律和制度，不管它們如何有效率和有條理，只要它們不正義，就必須加以改造或廢除。」[100] 面對這種堅決果敢的精神和賦有演說家魅力的語言，恐怕沒有幾個人不為它深深折服，然而，我們還是要問，如果真實性或真理是理論和思想體系的首要價值，那麼一種關於正義的理論和思想體系呢？按照羅爾斯這段話中所體現的邏輯，很明顯關於正義的理論和思想體系同樣也應當具有真實性或真理的品格。《正義論》

---

100 羅爾斯：《正義論》，何懷宏等譯，中國社會科學出版社，1988 年，第 3 頁。

時期的羅爾斯確實為了建立一種普遍性的正義理論做出了艱辛的努力，在此之後，羅爾斯由於面對社會多元主義，尤其是世界觀多元主義這一事實深感不安，他轉而強調正義理論所具有的政治特徵，只滿足於建立和闡明一種合理的政治正義原則，並且淡化了正義理論對真實性或真理的要求。在羅爾斯看來，現代民主社會不僅具有一種完備性宗教學說、道德學說和哲學學說的多元主義特徵，而且具有一種互不相融卻又合乎理性的宗備性學說之多元主義特徵。這些學說中的任何一種都不可能得到所有公民的普遍認可。任何人都不應該期待在可預見的將來，任何一種學說或者某些其他合乎理性的學說將會得到全體公民的一致認同。正是由於這個原因，羅爾斯認為對於社會所有成員的政治認同來說，一種政治的正義原則就足夠了，以政治正義原則為實質性內容的公共理性可以為民主社會中公民之間的政治正當性證明提供一個公共的政治理性，這就是羅爾斯所說的政治自由主義。

　　羅爾斯在說明政治合法性問題時強調，論證政治行動正當性的政治正義觀念，只有從體現在民主社會中的共同確信所包含的基本信念和原則的基礎上進行建構才是合理的，而不是從特定公民群體所擁有的世界觀來建構一種共享的政治正義觀念。他同時還強調指出，如果以這種獨立

第五章 公共理性與政治合法性

於民主社會中存在的各種完備性學說的方式建構起來的政治正義觀念能夠得到堅持和信奉各自完備性學說的公民的理解和認可，它就能夠為民主政治提供一種最合乎理性的公共證明的基礎。按照羅爾斯的理解，政治行動的正當性在於公共理性的要求是否得到遵循。公共理性的要求則具體體現在個人作為具有理性的公民觀念所包含的兩個基本方面，第一，他們提出並遵守他們認為其他平等公民也會理性接受的公平社會合作條件的意願；第二，他們承認判斷負擔，並接受由此而來的各種結果的意願。政治不是真理的領域，也不是真理得到實現的場所，它並不需要一個嚴格的真理性標準，雖然各種學說本身有著強烈的真實性要求，但是政治並不是不同的學說為了爭奪話語霸權而展開的對政治權力的角逐。正如羅爾斯所說的那樣：「立足於理性限度的好處是，我們只能有一種真實的完備性學說，儘管如跟我們已經看到的那樣，可能有許多合乎理性的學說。一旦我們接受理性多元論是自由制度下公共文化的一個永久條件這一事實，理性的理念作為立憲政體之公共證明的基礎之一部分，就會比道德真理的理念更為合適。堅持一種真實的政治觀念，並且僅僅是出於這一理由而堅持一種合適的公共理性基礎，乃是排斥性的，甚至是

宗派性的，且極容易滋生政治分化。」[101]

101　John Rawls: Political Liberalism, Columbia University Press, 1996, P129

第五章　公共理性與政治合法性

結論：
羅爾斯公共理性思想的意義和侷限性

結論：羅爾斯公共理性思想的意義和侷限性

　　羅爾斯關注和擔憂的是當代社會條件下自由民主政治的命運，他明確提出並詳細闡述公共理性思想，目的在於為民主社會的穩定和健康發展提供一種最合乎理性的政治基礎，這種政治基礎的規定性內涵具體體現在自由民主政治實踐和思想傳統中一些基本的觀念和原則。換言之，羅爾斯透過他所理解的公共理性試圖表達的東西無非是要求民主社會中信奉不同道德價值觀念的公民從道德上理解和認同自由民主政治制度及其所體現的政治價值。羅爾斯並不否認民主社會的穩定性在某種程度上可以透過各種社會政治力量之間的討價還價、妥協和平衡來實現，但是，羅爾斯同時認為這種由於不同社會政治力量之間的暫時平衡所達到的穩定狀態是偶然的和脆弱的，因為各種社會政治力量之間的平衡一旦被打破，社會穩定賴以建立和維持的臨時協定就難以在社會政治實踐中繼續得到尊重和遵循。更重要的是，以這種方式來看待和處理穩定性問題所帶來的後果是公民自由和平等的政治地位得不到真正有效的尊重和保障，容易滋生相互報怨、不滿和憤恨等敵對情緒，從而難以在公民之間形成一種相互尊重和民主寬容的政治關係。按照羅爾斯對政治的理解，政治活動不是各種不同的社會政治力量為爭奪政治權力而展開的鬥爭，也不是不同的意識形態為爭奪話語霸權而進行的權力角逐；相反，

政治是自由和平等的公民之間共同進行的合作性事業。在現代民主社會中不同的公民堅持和信奉互不相同甚至相互對立的道德價值觀念，不同的公民從各自所堅信的道德價值觀念出發對自我和周圍世界做出自己的理解，儘管公民們知道在各種不同的道德價值觀念中只能有一種是真實的，但是對於堅信某種道德價值觀念的公民個人來說總是相信自己所持有的信念是真實的，至少是有意義的，它能夠為公民個人的自我理解活動提供最深厚的價值資源。因此，問題就在於公民在公共的政治生活中應當如何進行有效的對話和交流？公民在共同的合作性事業中能夠實現彼此之間的相互理解和尊重嗎？面對這些問題，羅爾斯認為如果不同的公民在公共的政治生活中完全按照自己所堅信的完備性學說和觀念來為自己政治行動的正當性進行辯護，那麼就無法實現公民之間的相互理解和尊重。在羅爾斯看來，在公民的政治活動中毫無限制地引入完備性學說和觀念是導致政治冷淡和政治狂熱兩種極端現象的根本原因，這兩者都無助於自由民主政治的有效運行和健康發展。羅爾斯提出的辦法是建構一種獨立於各種完備性學說和觀念的政治正義觀念，只要這種政治正義觀念能夠被公民從各自的完備性學說出發並且基於其完備性學說所提供的根據和理由來加以理解和接受，那麼這種政治正義觀念

就能夠成為政治活動中公共證明的基礎，在這樣的基礎上不同的公民就能夠進行有效的對話和交流。那麼，我們應該如何看待羅爾斯關於公共理性的構想呢？筆者認為，透過展示當代圍繞對話和共識問題提出的一些主要觀點，我們也許可以對羅爾斯的公共理性思想做出一種比較公允的評價。

我們先來看看社群主義者桑德爾對羅爾斯公共理性思想所做的評論。首先，桑德爾十分讚賞羅爾斯提出公共理性思想的意向，即民主社會中公民之間實現彼此之間的相互理解和相互尊重，但是桑德爾同時又認為羅爾斯透過公共理性對公共的政治討論所涉及的主題和論據進行限制這一做法並不是實現公民之間相互理解和相互尊重的最可靠和唯一的方式。按照羅爾斯的理解，公民們在公共的政治活動中遵循公共理性的要求和限制就意味著每一個公民是在可以合理地期待其他公民也能夠認可的政治正義觀念的基礎上展開對基本政治問題的討論，並且在公共討論的過程中每一個公民都隨時準備按照其他同樣作為自由和平等的公民可以合理地認可的觀點來解釋自己的政治行動，而不是依靠公民個人的道德確信和宗教確信來對自己的政治行動進行正當性證明。桑德爾認為羅爾斯關於公共理性的思想給公共的政治爭論施加了種種過於嚴厲的限制，同時

也說明了這種限制可能導致的道德代價和政治代價。具體言之，由於公共理性的限制阻止了公民在政治討論中援引公民個人的道德價值觀念作為論據，因此，在一種道德價值觀念是正確的情形下公共理性的限制將產生顯而易見的道德代價。從另外一個方面看，因為在任何一個具體的事情上除了按照公共理性所體現的政治價值做出的價值評判之外，不同的公民從自己的道德確信和宗教確信出發同樣會對這一具體的事情做出價值評判，結果就是這兩種價值評判類型的比較是不可避免的，但是公共理性的限制性要求卻限制了後一種類型的價值評判在政治爭論中的作用，這就是桑德爾所說的道德代價；與此相應，由於公民從個人的道德價值信念出發所做的價值評判被拒絕納入到公共的政治討論中，以至於公民們很難真正滿懷熱情地投身於對具有重大意義的公共問題進行政治討論的活動，公民的注意力更多地轉移到公共政治人物的私人問題方面，公共討論關注的不再是根本性的政治問題，而是傾心於大眾傳媒所提供的關於公共政治人物的醜聞、緋聞和懺悔故事，桑德爾認為這是公共政治生活拒絕人們引入自己所堅信的道德價值觀念必然會導致的結果和付出的政治代價，以至於公民普遍地對政治逐漸產生一種玩世不恭的態度。正是由於公共理性的限制可能給政治生活帶來的道德代價和政

結論：羅爾斯公共理性思想的意義和侷限性

治代價，桑德爾才認為羅爾斯關於公共理性的構想並不能真正地實現公民之間相互尊重的目的，甚至根本談不上相互尊重，因為公民本來就沒有嘗試去傾聽、理解各自的立場和真實的想法，沒有在相互之間展開真誠的交流和對話，在公民之間的關係上所表現出來的與其說是一種相互尊重，不如說是一種相互之間的冷漠和互不關心。因此桑德爾提倡的是一種差異性的尊重觀念，一種慎思的尊重方式。按照這種差異性的尊重觀念，任何公民可以透過介入或者參與到其他公民的道德確信和宗教確信，介入或者參與的方式可以是挑戰和反駁，也可以是傾聽和理解。雖然沒有任何東西能夠保證一種差異性的尊重觀念會讓我們認同甚至欣賞其他公民的道德確信和宗教確信。但是，我們還是能夠以這種方式尊重其他公民的道德確信和宗教確信。正如桑德爾所說的那樣：「就我們的道德分歧和宗教分歧反映著人類善的終極多元性這一點來說，一種慎思的尊重方式將使我們更能欣賞我們的不同生活所表現出來的千姿百態的善。」[102]

當代德國政治哲學家哈伯瑪斯對羅爾斯關於公共理性的論述進行了一種獨特的反思和批評，這種獨特性具體表現在哈伯瑪斯是從內在於羅爾斯政治哲學的理論結構和論

---

[102] 桑德爾：《自由主義與正義的侷限》，萬俊人等譯，譯林出版社，2001年，第266頁。

證特徵出發揭示羅爾斯在建構公共理性問題上存在的侷限性。按照羅爾斯的理解，一種被獨立建構起來的政治正義觀念只有在當其獲得了全體公民的認可之後，才能夠為民主社會中公民間政治關係提供一種公共證明的基礎，公民在公共的政治生活當中遵循公共理性的要求和限制也就是按照作為重疊共識的政治正義觀念來引導並向其他公民解釋自身的政治行為。同時，羅爾斯自己也明確地指出他關於公共理性的理論建構是透過兩個理論階段來實現的，具體言之，第一個階段表現為以一種獨立於各種完備性學說的方式建構一種政治正義觀念，在此之後的第二個階段則進一步說明和檢驗該政治正義觀念能否成為各種完備性學說的重疊共識。並且羅爾斯還特別強調不同的公民是從自己所信奉的完備性學說出發來對在第一階段建構起來的政治正義觀念做出自己的判斷，如果不同的公民從各自的前提出發能夠共同認可某種政治正義觀念，那麼該種觀念就可以被看作是民主社會中信奉不同完備性學說的公民之間的重疊共識，並且這種政治正義觀念恰恰就是羅爾斯所說的公共理性的實質性內容，公民在現實政治活動中遵循公共理性的要求和限制最突出地表現在按照作為重疊共識之核心的政治正義觀念來對自己的政治行動進行正當性證明。正是基於羅爾斯對公共理性的這種理解，哈伯瑪斯指

出：「羅爾斯所說的『理性的公用』，前提是要有一個公共
平臺，也就是已經取得的政治共識。而只有在把他們各自
不同的基本信念重疊起來之後，公民才能進入這個公共平
臺。」[103] 儘管羅爾斯對重疊共識的可能性問題進行了論證，
但是在哈伯瑪斯看來，在羅爾斯的理論建構中始終存在著
一種無法消除的緊張關係，這種緊張關係主要表現在：一
方面，政治正義觀念的有效性最終要依賴於各種不同的合
乎理性的世界觀，也就是羅爾斯所說的完備性學說所提供
的有效性資源；另一方面，任何一種世界觀是否合乎理性
反過來又必須依靠在實踐理性的基礎上被建構起來的政治
正義觀念提供給它們的標準。內在於羅爾斯理論當中的這
種緊張關係源於羅爾斯試圖以一種獨立於各種完備性學說
的方式建構起一種政治正義觀念，然而，羅爾斯又把這種
觀念自身所應當具有的有效性要求的論證重擔加在各種不
同的世界觀身上。在哈伯瑪斯看來，羅爾斯式的公共理性
由於預先設定和建構起一種政治正義觀念，然後再由現實
政治生活當中的公民根據其自身所信奉的完備性學說來具
體地檢驗已經被預先建立起來的政治正義觀念之有效性和
接受性，這種要求不同公民從各自的世界觀立場出發並由
此導向某一預先以一種獨立的方式被建構起來的、共同的

---

103 哈伯瑪斯：《包容他者》，曹衛東譯，上海人民出版社，2002 年，第 99 頁。

政治正義觀念是不可能實現的，也有悖於理性運用內在具
有的公共性本質。更為重要的是，哈伯瑪斯認為羅爾斯所
提供的關於公共理性的解釋以及羅爾斯的以公共理性為核
心的政治哲學使得理性和哲學喪失了其自身應有的批判力
量，正如哈伯瑪斯所指出的那樣：「我們不要誤以為，哲
學可以依靠基本共識，而這種基本共識在一定的前提下已
經存在於自由主義社會當中，因而為理性的公用提供了一
個平臺。並非每一種自稱是自由主義的文化都是這樣。一
種哲學如果僅僅從解釋學的角度闡明什麼是持存，它就失
去了批判力量。」[104] 而哈伯瑪斯自己提出的建立在交往理
性基礎上的政治哲學則不再像羅爾斯式的理論構想那樣預
先建構出一種關於正義的基本觀念；相反，哈伯瑪斯所主
張的對話理論認為關鍵的問題是確立起一定的交往前提，
進入對話和交往過程中的人們只要滿足交往前提所包含的
話語有效性條件，公民就可以自由地運用人類理性，還可
以相互檢驗和論證一個有爭議的規範是否可以作為共同實
踐的基礎。

　　在某種意義上，羅爾斯在政治自由主義的框架內關於
公共理性的構想可以被看作是對歐洲近代歷史上啟蒙運動
時期所宣稱的啟蒙理性主義的一種調整和回應，羅爾斯自

---

104 哈伯瑪斯：《包容他者》，曹衛東譯，上海人民出版社，2002 年，第 114 頁。

結論：羅爾斯公共理性思想的意義和侷限性

己也曾多次強調過他所主張的政治自由主義不同於任何形式的啟蒙自由主義，因為在羅爾斯看來，啟蒙運動時期所聲稱的啟蒙理性對宗教世界觀進行了無情的批判和攻擊，而在羅爾斯關於政治自由主義的構想中則試圖建立一種中立性的政治正義觀念，並且不對任何一種宗教性的或非宗教性的完備性學說進行評判，而是任其在市民社會文化中自由發展。活躍於當代西方學術界的各種後現代主義毫無疑問是對作為現代性之發源地的啟蒙運動和啟蒙理性所進行的一場聲勢浩大的批判運動。由後現代主義所發起的批判運動幾乎涉及現代社會生活的各個方面，與我們在這裡所討論的主題相關並且具有重大影響和代表性的觀點主要有：福柯的微觀權力政治學，利奧塔在分析知識合法化危機基礎上提出的語言遊戲理論，羅蒂的後哲學文化理論。儘管各種形式的後現代主義在涉及如何對待和處理啟蒙理性的問題上存在著某種差異，但有一點是共同的，那就是它們都反對任何形式的總體性和宏大敘事，而更加強調差異的重要性，並且他們的這種主張並不僅僅是指向羅爾斯所說的市民社會文化的領域，而是認為差異原則應當貫穿到所有社會文化生活領域，即使是在真理和正義問題上也不例外。在這裡特別值得一提的是福柯的微觀權力政治學對於權力的理解和考察，這主要是因為權力問題始終是任

何政治思考都不能迴避的一個主題。從某種意義上我們可以說，對於權力的不同理解和認識通常會導致政治哲學在類型上的差異。福柯在權力問題上的主要貢獻在於他透過對話語的構成所做的譜系學分析和考察揭示了權力與知識兩者之間存在的共生關係。在福柯看來，任何一種形式的話語都表達著一定的權力機制，並且權力這一概念並不像人們通常所理解的那樣僅僅是作為一種壓迫性的力量，權力所具有的更重要的特徵在於它同時還是一種生產性的力量，它不斷地把個體構成和塑造成為符合某一社會規範的主體。福柯對權力所進行的批判和理解使得人們重新關注在過去常常被忽視的邊緣領域成為可能，因為正是在這些通常不被重視的邊緣地帶能夠更清晰地發現權力發生作用的機制。在福柯看來，任何主張「同一性政治」的政治哲學不是無辜的犧牲品，就是神話製造者，他們都錯認了權力運作的真正機制，因而也就不可能為生活在現代社會中的人們的自由和解放提供可能的途徑。

現在，我們或許可以對羅爾斯所提出的公共理性思想做一個大致的評判，從某種意義上我們可以把羅爾斯關於公共理性的闡釋看作是他在當代社會生活條件下對啟蒙理性的一種回應。當然，羅爾斯更多的是在政治層面思考現代性問題，他沿襲了近代以來政治與道德兩分思考模式，

隨著現代性的逐步展開，原子化的個人觀念以及世界觀的多元化成為現代社會生活的一個基本處境，人們對自由、平等和正義的理解以及對於建立何種制度才能在社會生活中實現這些價值的問題缺乏最基本的共識。自由和民主觀念的傳播及其制度化無疑是啟蒙理性的一個最直接的成果，羅爾斯試圖以一種更為可靠的方式在現代社會生活條件下實現啟蒙運動所主張的這些基本價值觀念，但是，他並沒有完全接受啟蒙理性所具有的批判功能，而是更注重理性的建構性功能，尤其是在政治領域中理性所發揮的建構性作用。在羅爾斯那裡，理性的這種建構性作用突出地表現在建立一種公民共享的政治正義觀念，並以此來保證公民對基本社會政治制度的忠誠以及公民之間最基本的相互信任。更重要的是，羅爾斯始終堅信理性的自由運用，或者說人們在理性基礎上的充分討論並不總是能夠導向某種共識的形成；相反，在羅爾斯看來世界觀的多樣性特徵恰恰是理性在自由制度下長期發生作用不可避免地會產生的一種後果。但是，羅爾斯並沒有因此就轉向否定理性和相對主義的立場，在政治層面上思考和反思現代性問題的羅爾斯既沒有放棄作為啟蒙理性遺產的自由和平等這些基本的價值觀念，也沒有放棄正義在政治領域的重要性，而是轉換了思考正義問題的方式，這正是他透過闡釋公共理

性概念所達到的目的。我們可以這樣說，在羅爾斯那裡並不像以往占主導地位的觀念所認為的那樣，自由和正義僅僅意味著一種法治狀態；相反，羅爾斯更強調正義原則和觀念在社會政治共同體中的作用，尤其是羅爾斯並沒有要求一種政治正義觀念為社會成員提供一種理想的生活方式，用羅爾斯的話來說就是，政治正義原則和觀念並不要求成為一種完備性的學說，而僅僅是作為一種政治的觀念。羅爾斯以這種方式處理正義問題，目的在於為公民之間的相互理解和尊重提供一種恰當的理性基礎。當然，在羅爾斯那裡，公民之間的這種交往主要指的是公民在公共的政治生活中圍繞政治權力所進行的政治行動。羅爾斯公共理性思想的重要意義就在於他對政治交往和政治行動的理解並不只是侷限於公共性和公開性的要求，而是更加強調公共的政治行動和政治交往所賴以進行的共同前提，羅爾斯絲毫沒有忽視政治問題的複雜性，同樣也沒有天真地認為公民在公共理性基礎上展開討論就總是能夠在每一個政治問題上實現完全的一致和共識。恰恰相反，正是由於看到了公民在世界觀方面的多樣性以及政治問題本身的複雜性，羅爾斯才堅持認為現代民主社會必須以一種恰當的方式為公民相互之間政治行動的正常進行建立和提供一種基本的信任機制。就羅爾斯對公共理性的理解來看，公共

結論：羅爾斯公共理性思想的意義和侷限性

理性並不單單是指人所具有的一種推理能力和判斷能力，公共理性同時還包含著實質性的規範內涵，這種實質性的規範內涵透過一系列的政治正義觀念得到具體的表達，它對公民自身政治行動的正當性證明設定了明確的限制性條件。羅爾斯關於公共理性思想闡釋中表現出來的不足之處主要在於，他並沒有很好地處理作為公共理性實質性內涵的論證問題，由於羅爾斯所主張的公共理性只有在政治共同體的所有公民具備一種基本的共識之後才能發揮作用，而羅爾斯又總是強調重疊共識這一目標是透過公民從各自所信奉的完備性學說出發進行論證的方式來實現的，因此，在羅爾斯那裡始終存在著這樣的問題，那就是理論本身的有效性與對理論的實際接受二者之間的關係問題。按照羅爾斯的理論構想，人們通常都會自然而然地形成以下的看法，這就是哲學家或者理論家預先提出某種原則和觀念，然後再交給社會由社會中的每一個成員來對原則和觀念的有效性進行檢驗。然而，即使是這樣，我們還是不能確定重疊共識是否成為現實以及如何成為現實，因為人們在形成重疊共識的過程中完全是從各自的立場和視角來進行論證的。

後記

　　光陰荏苒，歲月如梭。擺在面前的這本書，再一次把我的記憶帶回到懵懂無知而又熱情洋溢的學生年代。記得我還是一名大學碩士研究生的時候，就如飢似渴地投入到對西方政治哲學文獻的學習和閱讀之中。回首當年讀書的情景，依然歷歷在目，難以忘懷。曾記得，哈耶克的《自由秩序原理》讓我熱血沸騰，不知疲倦，一夜讀完；西方馬克思主義者的著作，更是讓我心潮澎湃，如痴如醉，欲罷不能。

　　從大學碩士畢業後，接著攻讀哲學博士學位，更加開放的學術環境和學術交流，讓我有機會聆聽來自世界各地著名學者的思想對話。我的博士生導師是法國哲學政治哲學研究領域的權威學者莫偉民教授。莫老師學問淵博，人格高潔，親切嚴謹，循循善誘，指點迷津，匠心獨運，讓我受益匪淺，如沐春風，如飲甘露。在確定博士論文選題的過程中，考慮到我在碩士研究所期間已經對羅爾斯的政治哲學有了初步的了解，莫老師建議我繼續在這一領域展開深入的研究。我的論文從選題、開題報告、論文寫作到最後定稿，整個過程都凝聚著莫老師的悉心指點和關懷鼓勵。同時，還要感謝復旦大學哲學學院其他老師的諄諄教

誨和啟發薰陶，他們的講課和講座，他們的學術思想和風格，都在我的求學道路上留下了不可磨滅的印象。

　　本書關注的主要問題是羅爾斯的公共理性思想，羅爾斯建構公共理性的出發點主要是為了解決在理性多元主義的背景下如何實現政治正義和社會穩定這一政治哲學的根本問題。按照羅爾斯提出的方案，只有當社會個體的政治行動受到公共理性所確立的原則和規範的約束，才能實現政治生活的正義性和穩定性。社會個體的獨特生命體驗及其價值觀念，在羅爾斯看來，是不允許被引入到公共的政治生活實踐之中的。不論羅爾斯提出的解決方案是否成功，他所關注的問題在現代社會條件下始終具有不容迴避的重要性和意義。對羅爾斯的公共理性思想所做的梳理和評判，對於筆者而言，更多地具有一種開端的意義，它將促使我對問題本身進行更為深入的研究和思考。

電子書購買

國家圖書館出版品預行編目資料

政治正義：羅爾斯公共理性思想研究 / 鍾英法
著 . -- 第一版 . -- 臺北市：崧燁文化事業有限公
司 , 2023.02
面；　公分
POD 版
ISBN 978-626-357-031-3(平裝)
1.CST: 羅爾斯 (Rawls, John, 1921-2002)
2.CST: 政治思想
145.8　　111021156

政治正義：羅爾斯公共理性思想研究

臉書

作　　　者：鍾英法
發 行 人：黃振庭
出 版 者：崧燁文化事業有限公司
發 行 者：崧燁文化事業有限公司
E - m a i l：sonbookservice@gmail.com
粉 絲 頁：https://www.facebook.com/sonbookss/
網　　　址：https://sonbook.net/
地　　　址：台北市中正區重慶南路一段六十一號八樓 815 室
Rm. 815, 8F., No.61, Sec. 1, Chongqing S. Rd., Zhongzheng Dist., Taipei City 100,
Taiwan
電　　　話：(02) 2370-3310　　　傳　　　真：(02) 2388-1990
印　　　刷：京峯彩色印刷有限公司（京峰數位）
律師顧問：廣華律師事務所 張珮琦律師

—版權聲明

定　　　價：375 元
發行日期：2023 年 02 月第一版
◎本書以 POD 印製